Helmut Dunkhase

Plädoyer für Planwirtschaft

Helmut Dunkhase

Plädoyer für Planwirtschaft

Vom Umgang mit Widersprüchen in DDR, Sowjetunion und VR China

PapyRossa Verlag

Für Elke,
ohne die dieses Buch nicht entstanden wäre.

Luxemburger Str. 202, 50937 Köln
Tel.: +49 (0) 221 – 44 85 45
Fax: +49 (0) 221 – 44 43 05
E-Mail: mail@papyrossa.de
Internet: www.papyrossa.de

Umschlag: Verlag, unter Verwendung eines Motivs
Covermotiv: © by Stefanie Leuker | Dreamstime.com [17089482]
Druck: Interpress

Die Deutsche Nationalbibliothek verzeichnet diese Publikation in der Deutschen Nationalbibliografie; detaillierte bibliografische Daten sind im Internet über http://dnb.d-nb.de abrufbar

ISBN 978-3-89438-786-0

Inhalt

Einleitung

Vor 30 Jahren gingen die europäischen sozialistischen Staaten unter. Weltweit wurden die kommunistische und Arbeiterbewegung wie auch die Friedenskräfte insgesamt erheblich geschwächt. In den meisten europäischen Ländern ist die Linke marginalisiert, schlimmer noch: unkenntlich gemacht. Als links gilt heute bei uns, wer für Diversität, alternative Lebensformen und gendergerechte Sprache eintritt, während der soziale Klassenkampf zu einem Feld geworden ist, auf dem die AfD punktet. Das Buch des Sozialismus scheint endgültig geschlossen.

Grund zur Resignation? Keineswegs.

1. Wir leben in der paradoxen Situation, dass die da oben nicht mehr können, aber die da unten (noch) nicht wollen. Gerade in der Pandemie, während der dieser Text geschrieben wurde, präsentiert sich eine Gesellschaftsordnung in ihrer Agonie. Sie kriegen nichts mehr zu Stande – außer den Tod. Während kleine Läden, Kneipen und Theater schließen mussten, produziert die Waffenschmiede Rheinmetall in drei Schichten.

2. Die da oben glauben nicht so recht daran, dass der Sozialismus wirklich tot ist. Weniger fürchten sie utopische linke Schwärmereien als das, was real Staat gewordener Sozialismus geworden war. Warum sonst in Wort, Bild und Film die tägliche Aufklärung des Volkes über die schreckliche Verirrung.

3. Und damit sind wir beim Thema. Wenn auch große Marxisten wie Lucien Sève zum Ergebnis kommen, dass der bisherige Kommunismus gar keiner war,[1] ohne eine Alternative anbieten zu können, die auch nur ansatzweise über wolkiges Schwadronieren hinauskommt, wird die – auch

1 »Was unter dem grundsätzlich betrügerischen Namen ›Kommunismus‹ Ende 1989 mit dem Fall der Berliner Mauer und dann 1991 mit dem Zusammenbruch der Sowjetunion starb, hatte in der Tiefe nichts mit dem Kommunismus in seinem authentischen Marxschen Sinne zu tun.« Resümee seines Buches »Le communisme ?« im Interview »Le communisme est mort, vive le communisme !« (L'Humanité, 24.03.2020).

geschichtliche – Ortlosigkeit deutlich, in die beträchtliche Teile der marxistischen Linken geraten sind. Domenico Losurdo hat mit Recht gegen eine solche »Flucht aus der Geschichte« argumentiert [Los00]. Hier, in diesem Text geht es vornehmlich um einen Bereich, den Losurdo weitgehend ausgespart hat: die Ökonomie. Nicht im Sinne einer Niederlagenanalyse, sondern im Hinblick auf einen künftigen neuen Anlauf zum Kommunismus.

Breiten Raum nimmt die Auseinandersetzung mit den ökonomischen Reformen ein, die, vor allem seit den Vorschlägen von Jewsei Liberman in der Sowjetunion, in den meisten sozialistischen Ländern ähnlich verliefen und in der DDR ihre Konturen durch das Neue Ökonomische System (NÖS) erhielten. Der Grund dafür ist, dass hier grundlegende Kategorien zusammenkommen, über die es unterschiedliches Verständnis oder unterschiedliche Definitionen gibt, die geklärt werden müssen, wenn man vermeiden will, aneinander vorbei zu reden: Plan, Markt, Warenproduktion, Arbeitsinhalt eines Produkts.

Ein weiterer Grund liegt in der bemerkenswerten Rolle, die das NÖS in Teilen der marxistischen Linken spielt. Es ist gleichermaßen Ausgangs- und Endpunkt von Vorstellungen über »unsere sozialistische Zukunft«. Die Verbindung von Plan und Markt, die Weiterexistenz der Warenproduktion in einer relativ selbstständigen sozialökonomischen Formation ist ihr Nonplus-ultra. Darüber hinaus gibt es allenfalls die Vorstellung eines Kommunismus des Überflusses, der hinterm grauen Horizont verschwindet und keinerlei reale Bedeutung hat.

Hätte Ulbricht weitermachen können, wäre alles gut geworden. Dass der Sozialismus in Europa unterging, lag an den unfähigen Nachfolgern, an reformunwilligen Moskauer Führern und an Gorbatschows Verrat. So das Narrativ. Das »Weiter so« mit dem NÖS scheint abgehoben von Raum und Zeit ein Eigenleben zu führen.

Ich habe in mündlicher und schriftlicher Rede (siehe S. 47) erlebt, wie nach 1989 das NÖS der nun angesagten »sozialen Marktwirtschaft« als adäquates Mittel angedient wurde, offenbar ohne ein Bewusstsein darüber zu haben, damit die Kompatibilität des NÖS mit einer (kapitalistischen) Marktwirtschaft offenbart zu haben.

Es wird zunächst berichtet über einige dem NÖS vorangehenden (im Vergleich zur Stalin-Zeit) neuen Ideen und über eine Debatte in den frühen 1960er Jahren über die Messbarkeit des Wertes bzw. der gesellschaftlichen

Arbeitszeit in einer geplanten Wirtschaft – eine Problematik, die in der Folgezeit nicht weiter verfolgt wurde.

Die theoretische Begründung des Kerngedankens des NÖS – Sozialismus als relativ selbstständige sozialökonomische Formation, in der die Kategorien Warenproduktion, Wertgesetz, Preis und Gewinn wirken – wird anhand dreier prominenter Texte aus unterschiedlichen Etappen untersucht: *Ware, Wert und Wertgesetz* von Fritz Behrens (1961), dem Quasi-Lehrbuch *Politische Ökonomie des Sozialismus und ihre Anwendung in der DDR* (1969) und *Warenproduktion im Sozialismus* von Horst Richter und Waldfried Schließer (1977). Viel Kontinuität, aber auch interessante Differenzen sind zu vermerken.

Zur Rechtfertigung des NÖS wird häufig der Vergleich mit der NÖP,[2] herangezogen, letztlich wohl um die Autorität Lenins für sich zu reklamieren. Dagegen wird argumentiert, dass die NÖP andere Zwecke und Ziele hatte als das NÖS. Mit dem Festhalten am NÖS verfestigte sich die Leugnung des Widerspruchs von Plan und Markt, was die Tendenz zur sozialdemokratischen Degeneration verstärkte. Das Festhalten am NÖS versperrt den Blick auf heute mögliche Perspektiven für einen neuen Anlauf zum Kommunismus.

Es folgt ein Intermezzo zu China, in dem kurz dargelegt wird, warum die aktuelle Entwicklung der Volksrepublik China nicht als Projektionsfläche für unseren eigenen Weg zum Sozialismus geeignet ist.

Der zweite Teil des Textes beschäftigt sich zunächst mit Planungsproblemen in der Sowjetunion – und den hierbei ausgelassenen Möglichkeiten und Chancen. Denn ihre Geschichte ist reich an wegweisenden wissenschaftlichen Erkenntnissen und Vorschlägen, die nicht weiter verfolgt wurden, die aber heute verwirklicht werden können.

Hinzu kommen seitdem entstandene neue Erkenntnisse und Entwicklungen, die die Entwicklung einer kommunistischen Produktionsweise begünstigen. Es werden wesentliche Werkzeuge wie Input-Output-Tafeln und lineare Optimierung erläutert und Vorschläge für die Reproduktion einer kommunistischen Gesellschaft skizziert.

Ich beginne mit einer Debatte in der jungen DDR über Arbeitszeitrechnung, die ergebnislos versandete, und ende mit der Arbeitszeitrechnung als Ba-

2 Steht für Neue Ökonomische Politik, eine ökonomische Umorientierung in Russland bzw. der Sowjetunion, die von 1921-1928 dauerte.

sis des ökonomischen Kalküls in der kommenden kommunistischen Produktionsweise. Der Kreis konnte im »alten« Sozialismus nicht geschlossen werden. Aus dem nun gewonnenen Wissen und den daraus resultierenden Möglichkeiten speist sich die Zuversicht und das Selbstbewusstsein, dass der Kampf für den Kommunismus zu gewinnen ist.

1
Mythos NÖS oder: Über den Umgang mit Widersprüchen

1.1
Das Kernproblem: Verhältnis von Plan und Markt

1.1.1
Debatte über Arbeitszeitrechnung in der DDR

Anfang der 1960er Jahre gab es in der DDR, hauptsächlich in der Zeitschrift *Wirtschaftswissenschaft*, eine aufschlussreiche Debatte über die Berechnung des ökonomischen Nutzeffekts, die Ermittlung des Arbeitsaufwands für die Produktion und das Problem der Reduktion der Arbeit, das heißt, wie sich qualifizierte Arbeit konkret als multiplizierte einfache Arbeit darstellen lässt (vgl. Anhang 1).

Die Diskussion gewann ihre Bedeutung vor dem Hintergrund des beginnenden Einsatzes von Rechentechnik in der Produktion. Auf ökonomischem Gebiet wurde solche Technik nur in wenigen Fällen und dann auch nur auf betrieblicher Ebene angewandt.

Die Situation war folgende: Die Aussagen von Marx über die Bestimmung der Wertgröße einer Ware und über die Bestimmung der komplexen Arbeit als multiplizierte einfache Arbeit waren natürlich bekannt. Doch wie kann das Problem der Bestimmung der Wertgröße in einer Planwirtschaft gelöst werden?

Im Lehrbuch *Politische Ökonomie,* 1. Aufl. (1955) [Aut55] heißt es auf Seite 510: »Das Geld fungiert vor allem als Maß der Werte der Waren, das heißt, es dient als Maß der in ihnen verkörperten gesellschaftlichen Arbeit.« und weiter auf Seite 511: »Während die Funktion des Wertmaßes, das heißt die Berechnung der gesellschaftlichen Arbeit, im Kapitalismus sich hinter dem Rücken der Warenproduzenten vermittels der spontanen Schwankungen der Marktpreise vollzieht, wird das Geld in seiner Funktion als Wertmaß in der sozialistischen Wirtschaft vom Staat planmäßig bei der Rechnungsauslegung und Kalkulation ausgenutzt, dient es der Feststellung, ob die Betriebe mit Gewinn oder Verlust arbeiten usw.« Da werden zwei Probleme übergangen bzw. ignoriert.

Erstens: Wenn herablassend am Kapitalismus moniert wird, dass sich die Wertgröße (als Geld) hinter dem Rücken der Warenproduzenten herstellt, so ist zunächst festzuhalten: Immerhin haben sie mit dem Marktpreis eine Größe, die ungefähr den (relativen) gesellschaftlichen Arbeitsaufwand abbildet. Diese Bedingung ist in einer Planwirtschaft nicht gegeben.

Denn – und damit zweitens: Geld wird erst dadurch in ein Wertmaß verwandelt, dass alle Waren, als vergegenständlichte menschliche Arbeit, »ihre Werte gemeinschaftlich in derselben spezifischen Ware messen.« [MEW23, 110] Wie das im Einzelnen funktioniert, stellt Marx auf den folgenden Seiten dar. »Um als Geld zu funktionieren, muß das Gold natürlich an irgendeinem Punkt in den Warenmarkt eintreten. Dieser Punkt liegt an seiner Produktionsquelle, wo es sich als unmittelbares Arbeitsprodukt mit andrem Arbeitsprodukt von demselben Wert austauscht. Aber von diesem Augenblick stellt es ständig realisierte Warenpreise vor« (123). Wie soll aber »die Funktion des Wertmaßes in der sozialistischen Wirtschaft planmäßig ausgenutzt« werden, wenn nicht klar ist, wie es gebildet wird. Von der Bildung durch Marktpreise wird sich ja ausdrücklich distanziert.

In der 3. Auflage des Lehrbuchs (1960) [Aut60, 597] heißt es nur noch in lapidarer Verkehrung: »Bekanntlich wird der Wert der Ware, der durch die gesellschaftliche Arbeit im Produktionsprozess geschaffen wird, dadurch in Geldform ausgedrückt, dass er im Austauschprozess mit der Geldware gleichgesetzt wird.« Als wären die Waren durch das Geld kommensurabel und nicht durch die in ihnen vergegenständlichte menschliche Arbeit, »deren Werte gemeinschaftlich in derselben spezifischen Ware (ge)messen und diese dadurch in ihr gemeinschaftliches Wertmaß oder Geld« [MEW23, 109] verwandelt werden.

Da stellt Johannes Rudolph die spitze Frage: »Wie aber will man den Wert zweier Waren miteinander in Geldform vergleichen, wenn man nicht vorher den gesellschaftlichen Arbeitsaufwand dieser Ware sowie der Geldware kennt, denn *dieser* wird ja verglichen bzw. in der Mengeneinheit der Geldware gemessen. Kann man aber die allgemein anerkannte These, dass im Sozialismus die Preise der Waren *planmäßig abweichend* von ihrem Wert festgesetzt würden, verwirklichen, ohne die Wertgröße genau zu kennen?« [Rud60, 554] (Hervorh. von Rudolph). Das war ein Angriff gegen zwei inzwischen weit verbreitete Ansichten, nämlich dass erstens »die Wertgröße der Produkte quantitativ nicht bestimmbar und zweitens, dass die Messung des gesellschaftlichen Arbeitsaufwands in Arbeitszeit im Sozialismus nicht möglich ist«.(553)

Während ihm einige Kollegen beipflichteten, gab es aber auch scharfen Gegenwind. Fritz Behrens etwa meinte, in einer Warenproduktion, die nach seiner Auffassung ja im Sozialismus herrscht, könne der Wert eben nur an der Geldware erscheinen. Wertrechnung und Arbeitszeitrechnung sei beides nötig [Beh61b]. Damit meint er allerdings nur die Zeiterfassung der Arbeit in ihrer Naturalform, das heißt der konkreten Arbeit. Harry Nick vertrat entschieden die Auffassung, nur Wertrechnung (das heißt nichts anderes als Geldrechnung) sei möglich, nicht Zeitrechnung [Nic65]. Und schließlich erklärten andere Autoren, Wert sei eine rein gesellschaftliche Kategorie, die nur im Tausch erscheint – eine Position, die heute in der »Neuen Marx-Lektüre« fröhliche Urständ feiert.

Die Klarheit der unterschiedlichen Positionen litt darunter, dass auch die Vertreter der Berechnung des Arbeitsaufwandes in Zeiteinheiten vom Sozialismus als einer Waren produzierenden Produktionsweise ausgingen, in der das Wertgesetz wirkt. So versuchten sie es mit einem Sowohl-als-auch: sowohl Arbeitszeitrechnung als auch »Wertrechnung« (also Geldrechnung). Aber sie bekamen beides nicht zusammen. Sie konnten Wert nicht auf Arbeitszeit zurückführen.

Mit dem Heft 7-1966 der Zeitschrift *Wirtschaftswissenschaft* wurde die Debatte vorerst abgeschlossen. Sie wurde nach meiner Kenntnis nie wieder aufgenommen. Das Preisproblem wurde bis zum Ende der DDR nicht befriedigend gelöst (siehe auch 1.2.5).

In einer kapitalistischen Marktwirtschaft tauschen sich die Waren nach dem Wertgesetz aus, das sich im Konkurrenzverhältnis privat agierender Produzenten auf dem freien Markt entfaltet. Erstaunlicher Weise wurde von keiner Seite problematisiert, wie denn in einer Planwirtschaft, in der weder ein freier Markt noch privat agierende Wirtschaftssubjekte zur Verfügung stehen, das Wertgesetz zur Geltung gebracht werden kann. Die Debatte über Probleme auf der Ebene der Wirtschaftsrechnung, über die berichtet wurde, verweisen auf ein tiefer liegendes politökonomisches Problem: das Verhältnis von Plan und Markt.

1.1.2
Plan und Markt in der jungen DDR

Wie wurde dieses Verhältnis in der jungen DDR behandelt? Zunächst war klar: So, wie Lenins Vorstellungen über das Fortschreiten zum Kommunismus, die er am Vorabend des Roten Oktober in *Staat und Revolution* entwickelte, schnell an den Fährnissen des lebendigen Lebens zerschellten, war angesichts der ökonomischen und politischen Lage des Landes an eine entwickelte Planwirtschaft nicht zu denken, nachdem 1952 der planmäßige Aufbau des Sozialismus beschlossen wurde.

Die Vergesellschaftung der Produktion war noch nicht weit vorangeschritten. Eine Großindustrie musste in einigen Bereichen erst aufgebaut werden; die vorhandene war durch die Reparationsleistungen beträchtlich geschwächt. Die Industrielandschaft war »vor allem durch eine vielgliedrige und flexible Struktur mittlerer und kleinerer Betriebe gekennzeichnet« [Hub03, 122]. Die ökonomische Entwicklung wurde, gerade unter dem Konkurrenzdruck der BRD, bedrohlich, als das Wirtschaftswachstum bedenklich absank. Andererseits waren (fast) alle größeren Betriebe in VEBe überführt worden. In dieser Situation blieb kaum etwas anderes übrig, als mit dem Widerspruch zu leben, den Sozialismus mittels Ware-Geld-Beziehungen zu befördern.

Die Dezentralisierung setzte bereits 1955 ein. Die Anzahl der Staatsplanpositionen wurde bis 1957 halbiert. Die Betriebe verfügten allerdings über materielle bzw. finanzielle Mittel. [Ste07, 109]. 1957 preschten Fritz Behrens und Arne Benary mit Vorschlägen vor, die weit darüber hinaus gingen.

Benary: Die so genannten administrativen Methoden der letzten Jahre, die bei Beginn des ersten Fünfjahrplan noch berechtigt gewesen sein mögen, werden nun zunehmend zum Hindernis [Ben57, 86]. Man müsse zu einer Etappe übergehen, in der der Staatsapparat schrittweise seine selbstständige ökonomische Funktion verliert. »Die Selbstverwaltung der Wirtschaft kann und muss jetzt an die Stelle der Verwaltung der Wirtschaft durch den zentralisierten Staatsapparat treten.« (89) Dem »nicht-antagonistischen Widerspruch« (83) zwischen Planung und Spontaneität, das heißt der schöpferischen Aktivität der Werktätigen sei am besten beizukommen, wenn der Leitung der Volkswirtschaft aufgegeben werde, »jenes System von Bedingungen zu schaffen, das den Rahmen für die selbstständige operative Tätigkeit der Betriebe und die Leitung und Koordinierung ihrer Tätigkeit vermittels ökonomischer Hebel (vor allem Preis, Kredit und Zins, Lohn und Gewinn, Steuern) bildet« (84).

Behrens' Vorschläge gehen in dieselbe Richtung. Er bringt darüber hinaus Warenproduktion und Wertgesetz ins Spiel, deren Rolle er »sowohl in der Periode des Übergangs vom Kapitalismus zum Sozialismus als auch in der Periode des Sozialismus selbst«, betont [Beh57, 111]. Doch erscheine das Problem der »Ausnutzung des Wertgesetzes« erst im rechten Licht, wenn das Verhältnis von Politik und politischer Ökonomie in Frage gestellt werde. Er sieht »zwischen der Leitung der Wirtschaft durch den Staat und dem sich immer mehr festigenden System der Wirtschaft« einen Widerspruch, der die Entwicklung in der Übergangsperiode hemmt, wenn die »zentrale Weisung nicht durch eine ökonomische Politik ersetzt wird« (115-6). In dem Maße wie sich die Ökonomie von zentraler Reglementierung befreit und sich die Bewusstheit entwickelt, könne – schon in der Übergangsphase – das Absterben des Staates beginnen (130). Und »vom Standpunkt der sparsamsten Verwendung der gesellschaftlichen Arbeit wird es sogar am nützlichsten sein, einen Teil der Verwaltungsaufgaben, die sich aus der staatlichen Leitung der Wirtschaft ergeben und die jetzt vom Staatsapparat ausgeübt werden, der Wirtschaft in Selbstverwaltung zu übergeben« (134), darin eingeschlossen die Zulassung einer – »innerhalb gewisser, genau abgesteckter Grenzen« – freien Preisbildung auf dem Konsumtionsmarkt (139).[3]

Bereits in demselben Sonderheft, in dem die Artikel von Benary und Behrens erschienen, wurden ihre Auffassungen von mehreren Autoren als revisionistisch verurteilt. Während Benary in die Produktion (als Abteilungsleiter) geschickt wurde, konnte Behrens durch Selbstkritik im akademischen Betrieb überleben.[4]

---

3 Dem Gedanken der Selbstverwaltung der Betriebe, der verbunden war mit einer Sympathie für den jugoslawischen Weg, hing Behrens, ungeachtet zwischenzeitlicher Reuebekenntnisse, Zeit seines Lebens an. Siehe auch sein Referat auf der Tagung *Kritik der politischen Ökonomie heute. 100 Jahre ›Kapital‹* [Euc68, 295-6] und Thomas Kuczynski, *Fritz Behrens und seine rätekommunistische Kritik sozialistischer Reform* [Kuc15], in: Reformen und Reformer im Kommunismus.

4 Sie betraf das Wertgesetz als (einzigem) Regulator, den absterbenden Staat und die über die Eigenverantwortlichkeit der Betriebe hinausgehende Selbstverwaltung der Betriebe. Die Begründung zeugt von einem Verständnis des Verhältnisses von Wissenschaft und Politik, das nunmehr hoffentlich der Vergangenheit angehört: »Die seitherigen [...] Diskussionen und Auseinandersetzungen [...] veranlassten mich, meine Auffassungen zu überprüfen. Das war nicht nur nötig, um falsche Auffassungen zu überwinden, sondern vor allem deswegen, weil die praktischen Konsequenzen meiner Auffassungen mich in Gegensatz zur Linie der Politik der Partei gebracht hatten«. So hieß es zu Beginn von Behrens' Buch Ware Wert und Wertgesetz [Beh61a, 5].

Diese Selbstkritik ermöglichte es dem 1957 so Gescholtenen 1961 mit dem Buch *Ware, Wert, Wertgesetz* die theoretische Begründung für das NÖS zu liefern.

1.2 Theoretische Begründung des NÖS

1.2.1 1961 – Behrens: Ware, Wert und Wertgesetz

In dem genannten Buch von Behrens haben wir uns mit drei Hauptargumenten für die Behauptung, dass auch im Sozialismus die Warenproduktion fortbestehe, auseinanderzusetzen.

- Die »sozialistische Warenproduktion« sei eine Warenproduktion besonderer Art: der mit sich selbst tauschende Eigentümer.
- Rechtfertigung der Warenproduktion im Sozialismus durch die Ersetzung von »Eigentümer« durch »Verfügungsberechtigter«.
- Das Weiterbestehen von Warenproduktion sei dem noch zu geringen Entwicklungsstand der Produktivkraft geschuldet.

Behrens hatte zwar schon im erwähnten Artikel von 1957 die Existenz einer Warenproduktion im Sozialismus behauptet, jedoch nicht weiter begründet. In der Zwischenzeit hatte eine wichtige politische Verschiebung stattgefunden: Stalin war nach dem XX. Parteitag der KPdSU zum Beschuss freigegeben. Dieser hatte in seiner letzten ökonomischen Arbeit, *Ökonomische Probleme des Sozialismus in der UdSSR*, in dieser Frage folgende Positionen vertreten: Die Warenproduktion verschwindet, wenn sämtliche Produktionsmittel sich in gemeinschaftlichem Besitz befinden [Sta52, 11-12], wobei er sich in diesem Punkt auf Engels berufen konnte [MEW 20, 264]. In der Sowjetunion gibt es noch Warenproduktion wegen der verbliebenen unterschiedlichen Eigentumsformen in Industrie und Landwirtschaft. Daraus resultiert für ihn die Warenproduktion besonderer Art (18). Güter des persönlichen Bedarfs haben noch Warencharakter. Produktionsmittel sind (außer im Außenhandel) schon heute keine Waren mehr, weil bei ihrer Verteilung durch den Staat kein Eigentümerwechsel stattfindet (52-53). Ist ein einheitlicher Produktionssektor geschaffen – wobei ihm der Weg über ein einheitliches Wirtschaftsorgan, in dem staatliche Industrie und die Kollektivwirtschaften vertreten sind, wahrscheinlicher erscheint als das einfache Aufsaugen des kollektiven Sektors durch den staatlichen –, werden Warenproduktion und Geldwirtschaft verschwinden[5] und mit ihnen Wertform und Wertgesetz (23).

Nun wurden andere Töne angeschlagen. »In den letzten Jahren wurden eine Reihe von Auffassungen korrigiert, die auf die von Stalin aufgestellte These zurückgehen,« heißt es nun zu Beginn in [Beh61a, 20] und er konnte sich dabei wohl zu Recht auf die nun vorherrschende Meinung der sowjetischen Ökonomen berufen. Gemeint war Stalins Auffassung, dass die Weiterexistenz der Warenproduktion lediglich auf die Weiterexistenz zweier unterschiedlicher Eigentumsformen zurückzuführen ist.

Durchgehend wurde die These von der Warenproduktion im Sozialismus sogar in verschärfter Form aufgestellt. Behrens behauptet, dass die Warenproduktion nicht nur »beim Übergang vom Kapitalismus zum Sozialismus [...] weiterexistiert, sondern dass Ware-Geld-Beziehungen sich beim Aufbau des Sozialismus und beim allmählichen Übergang zum Kommunismus noch erweitern«.[6] Dabei wird unter Kommunismus eine Überfluss produzierende Naturalwirtschaft verstanden: Die Beseitigung der Warenproduktion habe die Voraussetzung, »dass die Vergesellschaftung der Produktionsmittel mit einem solchen Niveau der Produktivkräfte zusammenfällt, das eine direkte Verteilung der Produkte in ihrer Naturalform möglich macht« (28).[7] Nun wird aber absurder Weise Stalin der Vorwurf einer Naturalisierung ökonomischer

5 Ein interessanter Weg zur Integration der Landwirtschaft in die gesamtgesellschaftliche Planung wurde Anfang der 70er Jahre in Bulgarien eingeschlagen, als (zunächst) 170 agrarindustrielle Komplexe eingerichtet wurden. 1976 wurde die Errichtung eines »Nationalen agrar-industriellen Komplexes« angekündigt, der die organisatorische und ökonomische Einheit der Betriebe in Landwirtschaft und Nahrungsmittelindustrie herstellen sollte. Warenproduktion und Geldwirtschaft hätten wahrscheinlich verschwinden können. Offenbar wurde dieser Weg nicht konsequent weiter verfolgt. 1979 wurde für die gleichen ökonomischen Einheiten die »Nationale agrar-industrielle Vereinigung« aufgebaut, in der diese Einheiten ihre organisatorische und ökonomische Unabhängigkeit bewahrten [Kan96].

6 (21), ähnlich (23). Er konnte sich dabei auf eine Erklärung Chruschtschows auf dem Plenum der KPdSU vom Dezember 1958 berufen, auf dem dieser erklärte, dass das Fortschreiten der Sowjetunion zum Kommunismus gleichzeitig mit einer Entfaltung der Ware-Geld-Beziehungen verbunden sei (zit. nach [Beh61a, 20]).

7 Ähnlich (22), hier mit der Voraussetzung eines erforderlichen Grades der Konzentration der Produktion. Eine solche Vorstellung eines Kommunismus, in dem die Beglückten sich aus dem Füllhorn des Überflusses bedienen, hat es bis ins Philosophische Wörterbuch gebracht: »Individuelle Konsumgüter werden uneingeschränkter Besitz eines jeden Mitglieds der Gesellschaft sein, das uneingeschränkt über sie verfügen wird« [Phi69, Bd. 2, Stichwort »Sozialismus und Kommunismus«, 1001-2].

Prozesse gemacht, herausgelesen aus Stalins Schlussfolgerung, dass mit dem entstandenen allumfassenden Produktionssektor und dem Verschwinden der Warenproduktion »ein Verfügungsrecht über alle Konsumgüter des Landes getreten sein wird« [Beh61a, 2-3]. Und die Argumentation geht dann so: Die These Stalins widerspricht den Tatsachen, denn es sei keine Naturalisierung der wirtschaftlichen Prozesse zu beobachten, wohl aber eine Zunahme der Ware-Geld-Beziehungen – eine auf Grund der gesetzten Prämisse sich selbst erfüllende Prophezeiung. Auf welche Weise der irgendwann zu vollziehende Übergang von immer mehr sich erweiternden Ware-Geld-Beziehungen zur Naturalwirtschaft vonstatten gehen soll, bleibt das Geheimnis dieser Ökonomen. Die Vorstellung der Naturalisierung der wirtschaftlichen Prozesse im Kommunismus findet sich weder bei Stalin[8] noch bei Marx und Engels.

Warenproduktion besonderer Art: der mit sich selbst tauschende Eigentümer. Wie versuchte man nun, die auf diese Weise »festgestellte« Warenproduktion im Sozialismus zu erklären? Stalin konnte man kritisieren; Marx und Engels aber mussten uminterpretiert werden, wobei am meisten die von Marx und Engels erkannte Unvereinbarkeit von Sozialismus[9] und Warenproduktion zu schaffen machte.

---

8 Wenn Stalin von einem Produktenaustausch nach Verschwinden der Warenproduktion spricht, so hat dies nichts zu tun mit der Utopie der Verteilung der Naturalien aus dem Überfluss. Er erinnert den »Genossen Jaroschenko« nur daran, dass die Marx'schen Reproduktionsschemata aus dem 2. Band des Kapital auch bei einer »gesellschaftlichen Produktion« ihre Berechtigung haben (vgl. [MEW24, 423]). Eine Reproduktion kann nur funktionieren, wenn ein Austausch zwischen den beiden Abteilungen I (Produktionsmittel) und II (Konsumtionsmittel) stattfindet [Sta52, 82-3] bzw. [Sta51, 372-3]. Das Produktionsergebnis der Abteilung I, I(c+v+m), stellt sich zunächst in seiner Naturalform dar, als Maschinen. Ihre Arbeiter müssen ernährt werden. Ebenso stellt sich das Produktionsergebnis der Abteilung II, I(c+v+m), in der Naturalform als Brot dar. Ihre Produktionsmittel müssen ersetzt werden. Bei einfacher Reproduktion geht die Rechnung auf, wenn die in I(v+m) dargestellten Maschinen gegen das in IIc dargestellte Brot ausgetauscht werden. Das passiert in einer Marktgesellschaft mittels Geld, in der kommunistischen Phase mittels Ermittlung des Arbeitsaufwands: »In der zweiten Phase der kommunistischen Gesellschaft wird die Menge der für die Herstellung der Produkte aufgewandten Arbeit nicht auf einem Umwege gemessen werden, nicht vermittels des Wertes und seiner Formen, wie es in der Warenproduktion der Fall ist, sondern direkt und unmittelbar – durch die zur Herstellung der Produkte verausgabte Menge der Zeit, Menge der Stunden« [Sta52, 23] bzw. [Sta51, 313].

9 Marx und Engels sprachen in diesem Zusammenhang selten von Sozialismus, sondern von kommunistischer Produktionsweise, genossenschaftlicher oder künftiger Gesellschaft, meistens jedoch eben von Kommunismus.

Die Ökonomen erfanden eine »Warenproduktion besonderer Art« im Sozialismus, die nichts mehr mit dem Gebrauch dieses Terminus bei Stalin zu tun hatte, sondern auf einer Konstruktion beruhte, die keinen Bezug zur Realität mehr hat: der mit sich selbst tauschende Eigentümer: »In der sozialistischen Produktionsweise [sic!] ist jedoch nicht mehr mit jedem Austausch ein Eigentümerwechsel verbunden«, mit der Konsequenz, »dass der Eigentumswechsel keine konstitutive Bedeutung als Merkmal für den Begriff der Ware haben kann«. (9) Behrens führt diese Konstruktion als Frage ein: »Es ergibt sich die Frage, ob auch die Produkte, die zwischen arbeitsteilig produzierenden sozialistischen Produzenten ausgetauscht werden, noch Warencharakter haben«. (9)

Die Wortwahl »ausgetauscht« suggeriert die Antwort. Güter, die (in einer arbeitsteiligen Gesellschaft) ausgetauscht werden, sind Waren. Doch die sozialistischen Produzenten tauschen genau so wenig ihre Produkte wie die Produzenten von Achsen und Karosserieteilen in ein und demselben kapitalistischen Unternehmen. Sie liefern und werden beliefert laut Plan. Das Geld spielt eine andere Rolle als im Kapitalismus. In diesem ist es nicht nötig, das innere Maß der Waren, das erforderliche Arbeitszeitquantum für ihre Herstellung, zu kennen. Sein Geldausdruck wird auf dem freien Markt bestimmt. In einer Planwirtschaft ist es umgekehrt. Sie ist auf die Kenntnis der Arbeitszeit angewiesen, weil es keinen spontanen Markt gibt. Der Geldausdruck der Güter ist nur eine ungefähre Abschätzung ihrer Arbeitszeiten. Je genauer man sie kennt, desto überflüssiger wird das Geld.

Auch dass ein Produkt »Nichtgebrauchswert für die Produzenten und Gebrauchswert für andere« (37) ist, ist kein Kriterium für ihren Warencharakter. In einer Planwirtschaft wird damit der Sachverhalt ausgedrückt, dass ein Betrieb an einen anderen Betrieb liefert, was dieser laut Plan benötigt, so dass hier die Rede von einem Nichtgebrauchswert eigentlich gar keinen Sinn macht. Einspruch muss aber erhoben werden, wenn aus diesem Sachverhalt unter der Hand ein »Widerspruch zwischen Gebrauchswert und Wert« (ebd) gemacht wird, denn er setzt voraus, was begründet werden soll, dass nämlich die Produkte Wertform annehmen – was aber ohne freien Austausch auf dem Markt unmöglich ist.

Aus »Eigentümer« wird »Verfügungsberechtigter«. Der unangenehmen Tatsache, dass die sozialistischen Betriebe ein und denselben Eigentümer haben, versucht Behrens durch den Verweis auf den Unterschied von Eigentum und Besitz zu entgehen (26). An die Stelle unterschiedlicher Eigentümer träten eben Verfügungsberechtigte; deshalb sei Warenproduktion nicht an einen Eigentümerwechsel gebunden (27).

Doch der Betriebsleiter oder – später – der Kombinatsdirektor unterscheidet sich in seiner Verfügungsberechtigung kaum von Managern mit Budgethoheit und Personalverantwortung in einem kapitalistischen Monopolunternehmen. Sie sind rechenschaftspflichtig und können zur Verantwortung gezogen werden. Sie handeln im Auftrag ihres Eigentümers. Auch die in diesem Zusammenhang angeführte »Isoliertheit« der Betriebe (40) ändert nichts daran. Die einzelnen Betriebe, so geographisch getrennt sie auch sein mögen, sind, bei aller Verantwortung der Betriebsleiter für die Organisation der Produktion, den Vorgaben und Absprachen des Plans unterworfen.

Der Entwicklungsstand der Produktivkraft. Das Weiterbestehen von Warenproduktion[10] unter »Verfügungsberechtigten« – worunter wir uns eine Projektion auf das spätere NÖS vorstellen können – betrachtet Behrens als »dem Entwicklungsniveau der gesellschaftlichen Produktivkräfte und der Produktivkraft der gesellschaftlichen Arbeit« geschuldet (ebd.), und nicht den Eigentumsformen (27). Marx und Engels »hätten immer wieder auf die Bedingtheit der Form der Verteilung auch im Kommunismus durch die geschichtliche Höhe der Produktivkräfte hingewiesen« (ebd.). Abgesehen davon, dass Aussagen von Marx und Engels über den Kommunismus spärlich sind, gilt, dass die »Form der Verteilung« im Kommunismus bei ihnen nirgendwo etwas mit Warenproduktion zu tun hat; nicht in der *Kritik des Gothaer Programms*, wo schon in der ersten Stufe des Kommunismus »die Produzenten ihre Produkte nicht austauschen« [MEW19, 19] (erst recht nicht in der höheren Phase des Kommunismus) und auch nicht im »Verein freier Menschen« [MEW23, 92f.], den Behrens als Beleg anführt.

Marx schrieb in der Episode über diesen »Verein freier Menschen« [MEW23, 91-2] über die Aufteilung des gesellschaftlichen Produkts, in Pro-

10 Es ist schwer, bei Behrens eine konsistente Positionierung hinsichtlich der Stellung der Warenproduktion im Sozialismus auszumachen. Nachdem wir gehört haben, dass die Ware-Geld-Beziehungen zwischen den »Verfügungsberechtigten« (21) auf dem Weg zum Kommunismus und damit die Bedeutung der Warenproduktion immer mehr zunehmen (23; 56), soll aber auch der Warenfetischismus schon entschwunden sein (32) und der »Prozess des Verschwindens der Warenproduktion schon eingesetzt« haben (40).

duktionsmittel, die gesellschaftlich bleiben, und Konsumtionsmittel, die unter den Mitgliedern des Vereins verteilt werden. »Die Art dieser Verteilung wird wechseln mit der besonderen Art des gesellschaftlichen Produktionsorganismus selbst und der entsprechenden geschichtlichen Höhe der Produzenten.« Behrens schließt daraus: »Die besondere Art des gesellschaftlichen Produktionsorganismus und die geschichtliche Höhe der Produzenten wird also nicht nur von den Eigentumsverhältnissen, sondern vor allem vom Niveau der gesellschaftlichen Produktivkräfte bestimmt« [Beh61a, 27].

Behrens verkennt, dass die hier genannten Veränderungen sich auf die vorangegangene »Robinsonade« [MEW23, 90f.] beziehen. »Alle Bestimmungen von Robinsons Arbeit wiederholen sich hier, nur gesellschaftlich statt individuell.« Warenbeziehungen gibt es hier so wenig wie bei Robinson oder der autarken Bauernfamilie, einer weiteren Episode in Marxens Revue unterschiedlicher Produktionsweisen. Zu lernen wäre daran, dass es Produktionsweisen ohne Warenproduktion bei ganz unterschiedlichem Entwicklungsstand der Produktivkraft geben kann.

Der Aussage von Engels, wonach »mit der Besitzergreifung der Produktionsmittel durch die Gesellschaft [...] die Warenproduktion beseitigt« sei [MEW20, 264] unterstellt Behrens die »Voraussetzung, dass die Vergesellschaftung der Produktionsmittel mit einem Niveau der Produktivkräfte zusammenfällt, das eine direkte Verteilung der Produkte in ihrer Naturalform möglich macht«(28). Das mag seiner Vorstellung, dass sich mit der sozialen Revolution sogleich der märchenhafte Kommunismus herstellt, dienlich sein, entbehrt aber jeder Grundlage. In diesem Zusammenhang führt er weitere Bedingungen für das Bestehen der Warenproduktion ein: Teilung der Arbeit, Zersplitterung der Produktion in zahlreiche Betriebe, Verteilung der Konsumtionsmittel nach Leistung, das heißt Bedingungen, die bis zum Sanktnimmerleinstag, an dem das Füllhorn des Überflusses ausgegossen wird, gelten.

Worin Behrens' Revisionismus besteht. Wenn innerhalb des Marxismus falsifizierbar über Revisionismus gesprochen werden soll, dann in dem Sinn, dass Aussagen von Marx und Engels revidiert werden. Behrens, im Einklang mit anderen Ökonomen, revidiert (wie er auch zugibt) die Aussage von Marx und Engels, wonach Warenproduktion und Sozialismus unvereinbar seien, zu Gunsten einer Konstruktion, die keinen Realitätsbezug hat. Er revidiert die

Aussage, dass das Gemeineigentum die wesentliche Bedingung für das Verschwinden der Warenproduktion ist. Er schreibt Marx eine Behauptung über direkte Verteilung von Naturalien zu, die durch tatsächliche Äußerungen von Marx widerlegt ist. Er schließt sich einem gewissen W. Batyrew an, der Marx sogar »eine ganze Reihe methodologischer Hinweise für die Notwendigkeit einer Warenproduktion besonderer Art« (55) andichtet, ohne auch nur einen zu nennen. Und schließlich bringt er es fertig, Marx und Engels mit dem Gedanken in Verbindung zu bringen, »dass der unmittelbar gesellschaftliche Charakter der Arbeit auch mit der Verwandlung der Produkte in Ware, mit Warenproduktion verbunden sein kann« (58). Es liegt hier also zumindest eine Reihe von Revisionen Marxscher Aussagen vor.

Der rationale Kern. Bei aller Unhaltbarkeit der bei Behrens und anderen zu findenden Thesen gibt es doch einen rationalen Kern, den zu diskutieren dazu beitragen mag, bis heute verbreitete Missverständnisse über die Aufhebung des Wertgesetzes im Sozialismus zu klären. Er (der rationale Kern) besteht in der Annahme, dass auch im Sozialismus/Kommunismus Phase 1 ökonomische Gesetze wirken, für die, wie Behrens schreibt, gilt: Sie »unterscheiden sich dadurch von den im Kapitalismus wirkenden ökonomischen Gesetzen, dass sie Kraft des gesellschaftlichen Eigentums an den Produktionsmitteln bewusst ausgenutzt und daher planmäßig durchgesetzt und verwirklicht werden können« (61). Hier steckt alles Wesentliche drin: die alles entscheidende Eigentumsfrage sowie der Übergang vom Ausgeliefertsein spontan wirkender Gesetze zu ihrer bewussten Anwendung im Plan.

Dass dennoch die Theorie auf die genannten Abwege geriet, dürfte an zwei eng miteinander zusammenhängenden Punkten liegen.

Erstens besteht die Vorstellung, dass es zwischen dem Verschwinden der Warenproduktion und dem Zustand eines durch das Füllhorn gespeiste Befriedigung der Bedürfnisse nichts gibt. Dies führt zum theoretischen Rechtfertigungsdruck, das Verschwinden der Warenproduktion immer mehr auf den Sanktnimmerleinstag zu verschieben, weil auf das Füllhorn vergeblich gewartet werden wird.

Zweitens wird der unterschiedliche ontologische Status von Wertgröße und Wertform verkannt. Alle Ökonomien der Zeit seit Robinson verlangen eine Verwaltung der Arbeitszeit. In warenproduzierenden Gesellschaften wurden/werden die in den Produkten enthaltenen (relativen) Arbeitszeitquanten mittels Tausch bestimmt. Marx führte für diesen Sachverhalt den Begriff »Wert« ein: Der Wert zeigt sich im Tauschwert. Mittels Tausch nimmt das Produkt, jetzt als Ware, die Form des Werts, Wertform an, während das im Produkt enthaltene gesellschaftlich notwendige Arbeitszeitquantum als die Größe des Werts, Wertgröße, bezeichnet wird.[11]

Das für alle Ökonomien der Zeit geltende Erhaltungsgesetz der Ökonomie (siehe 2.3.1) nimmt in dieser Epoche die Form des Wertgesetzes an. Mit dem Übergang zum Plan schwindet die Wertform der Produkte, aber die bis dahin als Wertgröße gefassten Arbeitszeitquanten bleiben und müssen weiter verwaltet werden gemäß dem Erhaltungsgesetz. Der Wert drückt das Produktionsverhältnis privater Produzenten aus, innerhalb dessen die Wertgrößen durch das Medium Markt als Tauschwert (relativ) ans Licht gebracht werden. Ihrer Wertform entledigt, drücken die (direkt ermittelten) Arbeitszeitquanten durch das Medium Plan das Produktionsverhältnis des »gesellschaftlich gewordenen« Robinson aus: das (durchsichtige) Verhältnis der Produzenten zu ihren mit gemeinschaftlichen Produktionsmitteln erzeugten Arbeitsprodukten und ihrer Verteilung.[12]

Das Missverständnis von Ökonomen wie Behrens liegt darin, dass sie meinten, die weiterhin notwendige Verwaltung der Arbeitszeit – der rationale Kern ihrer Überlegungen also – wäre nur möglich unter Beibehaltung der Wertform der Produkte; anders ausgedrückt, das Erscheinen der gesellschaftlichen Arbeit als abstrakte Arbeit hafte notwendigerweise der Warenproduktion an (56). So versuchten sie, Wertform und eine »sozialistische Produktionsweise«[13] miteinander in Einklang zu bringen, obwohl mit dem

11 Logisch ist Tauschwert eine zweistellige Relation: Tauschwert kann nur als Paar angegeben werden. Wert ist eine einstellige Relation: Er wird durch eine Größe, die Wertgröße, in gesellschaftlicher Arbeitszeit angeben.

12 Im Folgenden ist deshalb das Wort »Wert« im Zusammenhang mit Sozialismus in Anführungsstrichen geschrieben zu denken.

13 [Beh61a]. Dem Sozialismus kann keine eigene Produktionsweise zugeschrieben werden, wenn er als Übergangsphase aufgefasst wird. Dazu ist Behrens aber gezwungen, auch wenn letztere aus dem ewig langen Warten auf das Füllhorn besteht. Davon abgesehen, ist Behrens in gewisser Weise dicht dran an der Wahrheit, wenn er schreibt: »Auch in der sozialistischen Produktionsweise kann das Wertgesetz nicht […] ›aufgehoben‹ werden, aber es kann – und es muss – auf der Grundlage des gesellschaftlichen Eigentums an den Produktionsmitteln beherrscht und bewusst ausgenutzt werden. ›Naturgesetze können überhaupt nicht aufgehoben werden‹, schrieb Marx, was sich ändert, ›ist nur die Form, worin sie sich durchsetzen.‹ Und diese Form der Durchsetzung des Wertgesetzes […] ist in

Übergang zur Planwirtschaft die Bedingungen für die Entfaltung der Wertform, unabhängig/privat produzierende Produzenten, Tausch und Markt, nur noch rudimentär vorhanden war. Da eine direkte Erfassung der Arbeitszeitquanten – mit Ausnahme von Strumilin in der Sowjetunion – nicht ins Auge gefasst wurde,[14] gab es das zentrale Problem der »sozialistischen Warenproduktion« – das Behrens aber nicht besonders zu beeindrucken scheint: »Die Schwierigkeit ergibt sich aber daraus, dass auch im Sozialismus der Wert der Waren nicht als solcher bekannt ist« (93).

Nichtsdestotrotz hielt Behrens geplante Abweichungen der Preise vom Wert für möglich, weil es nicht um »Rechenexempel« ginge, sondern um »wirtschaftspolitische Maßnahmen, die auf der Grundlage der Ausnutzung der ökonomischen Gesetze vorgenommen werden« (94). Eine in der Tendenz zirkuläre Antwort, denn die Nichterkennbarkeit des Wertes ist ja gerade ein Ausdruck des Nichtbeherrschens der ökonomischen Gesetze.

Die unter den Ökonomen damals umstrittene Frage, ob man mit Produktionspreisen, d. h. mit einem gleichmäßigen Preisaufschlag auf alle Waren rechnen solle, beantwortet Behrens negativ, weil es sich um »eine typische Kategorie der kapitalistischen Produktionsweise« (94) handele. Ein zur Größe ihrer Anlagen- und Umlauffonds proportionales Reineinkommen – eine Nachbildung der (vermeintlich) einheitlichen Profitrate im Kapitalismus – hielt er nicht für nötig, die Reineinkommen könnten der staatlichen Planung zur Disposition gestellt werden. Ihm ging es um die Selbstkosten, die Nachbildung des kapitalistischen Kostpreises.

Inwieweit die Positionen von Behrens zumindest in der DDR repräsentativ waren und sich in den Wirtschaftsreformen in den Sechzigerjahren niedergeschlagen haben, zeigte sich in den Ergebnissen des VII. Parteitags und in einer Analyse des durch ein Vorwort von Walter Ulbricht geadelten Buches zum Neuen Ökonomischen System: *Politische Ökonomie des Sozialismus und ihre Anwendung in der DDR* [Aut69].

---

der Planwirtschaft nicht mehr die Spontaneität – wie in der Marktwirtschaft – sondern die auf der bewussten Ausnutzung – des Wertgesetzes […] – beruhende Planmäßigkeit.« Diese Sätze werden richtig, wenn nur »Wertgesetz« durch »Erhaltungsgesetz« und – zur besseren Klarheit – »die Spontaneität« durch »das spontan wirkende Wertgesetz« ersetzt werden.

14 Behrens meint sogar: »Da es zum Wesen der abstrakten Arbeit gehört, dass sie nicht direkt in Arbeitszeit gemessen werden kann« (15).

1.2.2
1967 – Ulbrichts Fanal: Warenproduktion in der »sozialistischen Produktionsweise«

Der VII. Parteitag der SED (April 1967) hatte das strategische Ziel formuliert, das entwickelte System des Sozialismus zu gestalten und auf diesem Weg den Sozialismus zu vollenden. Walter Ulbrichts Ausführungen dazu anlässlich der internationalen Session zu 100 Jahre *Das Kapital* können mit Fug und Recht als offizielle Interpretation der Parteitagsbeschlüsse gewertet werden.

Der Sozialismus wurde zu einer qualitativ neuen, »relativ selbstständige(n) sozialökonomische(n) Formation in der historischen Epoche des Übergangs vom Kapitalismus zum Kommunismus im Weltmaßstab« erklärt, die »sich auf eigener Grundlage entwickelt« [Ulb67, 20]. »Die Gesetzmäßigkeiten und Kategorien der sozialistischen Gesellschaftsformation, darunter Warenproduktion, Wertgesetz, Preis und Gewinn, wirken auf ihrer eigenen sozialökonomischen Grundlage. Diese Kategorien existieren auch im Sozialismus objektiv, weil sie zutiefst in den gegenwärtigen konkreten Bedingungen des Wechselverhältnisses von Produktivkräften und Produktionsverhältnissen verwurzelt sind. Deshalb besteht die Aufgabe der wissenschaftlichen Führungstätigkeit beim Aufbau der sozialistischen Gesellschaftsformation nicht darin, diese Kategorien zu überwinden, sondern darin, sie im Interesse der Werktätigen vollständig auszunutzen« (21).

Ulbricht rühmt mit Recht an Marx' Arbeitswerttheorie, dass mit dieser »die entscheidenden Grundlagen für die exakte Planung der gesellschaftlichen Produktion, für die Beurteilung der ökonomischen Effektivität im Nationaleinkommen und die Organisation des Kampfes um die Senkung der Kosten geschaffen wurden« (22), doch ihre Konsequenz, die Anwendung der Arbeitszeitrechnung, wurde mit dem NÖS bzw. ÖSS (Ökonomisches System des Sozialismus, wie es ab 1967 hieß) nicht nur nicht genutzt, sondern nicht einmal weiterverfolgt.

Ulbricht stellt auch die Frage nach dem Unterschied zwischen Sozialismus und Kommunismus. Sie wird aber nicht beantwortet. Statt zu erläutern, was denn dann aus Warenproduktion, Wertgesetz usw. wird, wird beteuert, der Sozialismus sei »die vorbereitende Gesellschaftsformation für den Kommunismus«, womit man allerdings nicht mehr weiß als vorher. Daraus lässt sich nur schließen, dass dieser Sozialismus bis zu einem Horizont reicht, in dem alle Katzen grau sind.

Wie andere Theoretiker auch, bringt Ulbricht das, was nun Sozialismus genannt wird, in einen Zusammenhang mit den Ausführungen von Marx in der *Kritik des Gothaer Programms* (20). Doch Marx spricht hier überhaupt nicht von Sozialismus, sondern von der kapitalistischen und der kommunistischen Gesellschaft [MEW19, 28]. Dazwischen gäbe es eine »Übergangsperiode, deren Staat nichts anderes sein kann als die Diktatur des Proletariats«. In der kommunistischen Gesellschaft unterscheidet er noch eine erste und eine höhere Phase. Mit dem Wort »Sozialismus« werden die erste Phase des Kommunismus und die Diktatur des Proletariats durcheinander geworfen und damit der ersten Phase des Kommunismus Eigenarten zugeschrieben, die bei Marx nicht zu finden sind. Hier gibt es bei Marx weder Warenproduktion noch Wertgesetz.[15] Und das bürgerliche Recht herrscht nur noch insofern, als das Leistungsprinzip (Partizipation proportional zur geleisteten Arbeit) und damit ungleiches Recht gilt, da der tatsächlichen Ungleichheit der Individuen damit noch nicht Rechnung getragen wird.

Nun könnte man solch eine Marx-Philologie als fruchtlose abstrakte Spielerei am Reißbrett der Geschichte abtun. Doch werden wir später sehen, dass die Marxsche Skizzierung einer künftigen Produktionsweise, als Anregung aufgefasst, eine realistische Option darstellt, deren »technische Seite« heute schon umsetzbar ist.

1.2.3
1969 – Das Quasi-Lehrbuch: Politische Ökonomie des Sozialismus und ihre Anwendung in der DDR

Zu der hier zu diskutierenden Thematik heißt es: »Die sozialistische Produktion [...] ist [...] eine geplante Warenproduktion, eine Planwirtschaft sozialistischer Warenproduzenten.« Sie sei eine Warenproduktion »völlig neuen Inhalts«, deren »gesetzmäßige Begründung der Warenproduktion aus der jeweiligen Gesellschaftsformation« Kritiker ignorieren würden [Aut69, 262]. Sehen wir uns diese Begründung an.

---

15 »Innerhalb der genossenschaftlichen, auf Gemeingut an den Produktionsmitteln gegründeten Gesellschaft tauschen die Produzenten ihre Produkte nicht aus; ebensowenig erscheint hier die auf Produkte verwandte Arbeit als Wert dieser Produkte, als eine von ihnen besessene sachliche Eigenschaft, da jetzt, im Gegensatz zur kapitalistischen Gesellschaft, die individuellen Arbeiten nicht mehr auf einem Umweg, sondern unmittelbar als Bestandteile der Gesamtarbeit existieren« [MEW19, 19-20], Hervorh. von Marx.

Als allgemeine Begründung lesen wir: »Die Warenproduktion im Sozialismus ergibt sich objektiv aus dem Wesen des sozialistischen Aneignungsprozesses und damit aus der Gesamtheit des Entwicklungsstandes der Produktivkräfte und der Produktionsverhältnisse in der arbeitsteilig organisierten sozialistischen Produktionsweise. In diese Gesamtheit der Ursachen sind sowohl der heutige Stand der gesellschaftlichen Arbeitsteilung und der Charakter der Arbeit als auch die notwendige ökonomische Verbindung zwischen den gesellschaftlichen Erfordernissen und Einzelinteressen durch materielle Interessiertheit und Aneignung nach Leistung eingeschlossen. Auch der Entwicklungsstand des gesellschaftlichen Bewusstseins sowie der Einfluss der historischen Kontinuität in den Formen wirtschaftlicher Tätigkeit, die Tradition in der Gestaltung ökonomischer Beziehungen erklären die Notwendigkeit der Warenproduktion als historisch begründete Produktionsweise im Sozialismus« (264).

Wir finden hier wieder: die Auffassung der »sozialistischen Warenproduktion« als eigenständige Produktionsweise, die Eliminierung des Kriteriums der unterschiedlichen Eigentumsformen als Ursache für das Weiterbestehen der Warenproduktion und damit die stumme Anwesenheit des mit sich selbst tauschenden Eigentümers. Stattdessen werden als Gründe für das Weiterbestehen der Warenproduktion die Arbeitsteilung und der Entwicklungsstand der Produktivkräfte hervorgehoben sowie das Leistungsprinzip – ohne zu erklären, warum das Leistungsprinzip notwendig an Warenproduktion gebunden sei – und tradiertes Bewusstsein und Handeln (was wohl mit jeder Art von Neuerung kollidieren würde) genannt.

In der Explikation wird als erstes die gesellschaftliche Arbeitsteilung angeführt. Der Blick auf verschiedene gesellschaftliche Formationen wird hier (wie in den folgenden Punkten) von vornherein eingeschränkt auf warenproduzierende Formationen. Nie wird zum Vergleich eine vergangene oder zukünftige Produktionsweise herangezogen, die ihre Produkte nicht als Waren produziert. Wenn im Sozialismus Waren produziert werden, ist die Feststellung, dass auch im Sozialismus »bei hochentwickelter gesellschaftlicher Arbeitsteilung *über den Austausch* der Arbeitstätigkeiten und der Arbeitsprodukte *für die Gesellschaft produziert*« wird (Hervorh. im Original), nur noch eine Tautologie. Weder wird eine vielleicht noch nicht genügende Entwicklung der Arbeitsteilung ausgemacht noch werden Bedingungen angegeben, die eine Produktionsweise ohne »Dazwischenkunft des vielberühmten Werts« (Engels in [MEW20, 288]) ermöglichen.

Auch der zweite Hauptpunkt, wonach »Produktion, Verteilung und Austausch der materiellen Güter [...] *nach dem gesellschaftlich notwendigen Arbeitsaufwand oder dem Wert*« (Hervorh. im Original) erfolgen (266), stellt keine Begründung der Warenproduktion dar, sondern ist nur ihre Konsequenz.

Das Autorenkollektiv ist konsequent in der Verteidigung der sozialistischen Warenproduktion: Sie behaupten, garniert mit einem Lenin-Zitat, das sich auf die Entwicklung des Kapitalismus in Russland bezieht, die Existenz eines Marktes (269), der allerdings dem kapitalistischen Markt gegenüber einigen Einschränkungen unterliege. Sehen wir uns diese Einschränkungen an. Die Arbeitskraft ist keine Ware mehr, Kapitalmarkt gibt es nicht – wogegen kein Einspruch erhoben werden soll. Interessanter ist der nächste Punkt. »(D)ie Bewegungsformen des Austauschprozesses können erstmalig geplant werden, der Markt wird ein geplanter Markt, da infolge des gesellschaftlichen Eigentums an den Produktionsmitteln konkrete und abstrakte Arbeit zwei Seiten des unmittelbar gesellschaftlichen Charakters der Arbeit sind« (270). In dieser Aussage konzentriert sich (noch einmal) das Dilemma der Konstruktion einer sozialistischen Warenproduktion.

Jede Ökonomie der Zeit – von Marxens Robinsonade über die kapitalistische Marktwirtschaft bis zur kommunistischen Produktionsweise auf der Basis direkter Arbeitszeitrechnung – muss mit den »zwei Seiten« der gesellschaftlichen Arbeit zurechtkommen, gleichgültig, ob sie unmittelbar gesellschaftlich ist oder nicht. Damit wird die Behauptung eines »geplanten Marktes« mit einer Aussage begründet, die genauso für eine Produktion gilt, deren Austauschprozess die Bewegungsform in einem spontanen Markt annimmt. Wenn andererseits der unmittelbar gesellschaftliche Charakter der Arbeit vorausgesetzt wird, steckt in der Begründung bereits die Behauptung – nur dass der »geplante Markt« nichts anderes ist als der Plan.[16] Die zweite Aussage gilt unabhängig von der ersten. Die Realisierung der planmäßig aufgewandten konkreten Arbeit als abstrakte ist eine Frage der Güte des Plans. Die so produzierten Güter für Waren zu halten wirkt nur desorientierend im Hinblick auf den Horizont einer kommunistischen Produktionsweise.

16 Auf Seite 273-274 reproduziert sich der Widerspruch zwischen Warenproduktion und Plan: »Die warenproduzierende Arbeit hat also Doppelcharakter, sie ist zugleich konkrete und abstrakte Arbeit. Die in Betrieben *planmäßig* zur Produktion materieller Güter aufgewandte konkrete Arbeit muss sich stets als abstrakte, wertbildende Arbeit realisieren, um als gesellschaftliche Arbeit zu fungieren« (Hervorh. HD).

Schließlich wird – sicherlich zutreffend – festgestellt, dass der Austausch der Waren und Leistungen zwischen sozialistischen Betrieben ohne Konkurrenz stattfindet.

Wir haben es also mit einem »Markt« zu tun, der folgenden Einschränkungen unterliegt: Alle ökonomischen Akteure sind ein und demselben Eigentümer unterworfen, agieren also nicht privat und unabhängig; die im Plan vorausbestimmte Arbeit muss als unmittelbar gesellschaftliche Arbeit nur noch in der Realität bestätigt werden; es gibt keine Konkurrenz zwischen den ökonomischen Akteuren. Das sind Einschränkungen des Marktes, die von ihm nichts übrig lassen. Analog ist die Warenproduktion so weit eingeschränkt, dass sie keine mehr ist.

Ein nicht existenter Markt kann keine Rolle bei der Preisfindung spielen. Darüber wird systematisch hinweg gegangen. »Durch die Ware-Geld-Beziehungen wirken die Preise in allen Bereichen des gesellschaftlichen Reproduktionsprozesses« heißt es etwas undeutlich, um anschließend gleich überzugehen zur Versicherung: »Der Preis ist Messinstrument des gesellschaftlichen Arbeitsaufwands« (389). Nein, Messinstrument des gesellschaftlichen Arbeitsaufwandes ist, überspitzt gesagt, die Uhr. Planwirtschaft kommt nicht daran vorbei, den direkten Weg dorthin zumindest im Auge zu haben.

Wenn wir tatsächlich den Geldausdruck des gesellschaftlichen Arbeitsaufwands hätten (womit er eigentlich schon überflüssig geworden wäre), könnte der Preis als »ökonomischer Hebel« und »Instrument der Verteilung des Nationaleinkommens« (ebd.) dienen. Da dies nicht der Fall ist, wird ein neuer »sozialistischer Preistyp«, ein »planmäßiger Preis« (391) ausgerufen, der in einem »Prozess der Annäherung des Preises an den Wert« auf den guten alten Kostpreis hinausläuft – nur dass seine Ingredienzien aus der kapitalistischen Marktwirtschaft nicht zur Verfügung stehen.

1.2.4
1977 – Richter/Schließer: Die Warenproduktion im Sozialismus

Wohl wissend, dass Marx, Engels und Lenin (bis 1919) Kommunismus und Warenproduktion für unvereinbar hielten, entnehmen die Autoren Richter/Schließer [Ric77] ihre Beglaubigung für die Notwendigkeit der Warenproduktion im Sozialismus durch die Klassiker den Überlegungen Lenins zur Neuen Ökonomischen Politik (NÖP). Das ist allerdings eine schmale Basis, denn die Überlegungen Lenins fielen in eine spezielle Situation. Das Land war durch Bürgerkrieg verwüstet; es kam erstmal darauf an, die Wirtschaft überhaupt zu reorganisieren und auf den Stand von 1913 zu bringen. Lenin sah die NÖP als eine vorübergehende – auf Jahre, nicht Jahrzehnte – notwendige Maßnahme an (siehe Kap. 1.3.1).

Wenden wir uns der eigentlichen Begründung zu. Ausgangspunkt ist die relative Eigenständigkeit der sozialistischen Betriebe. Man muss hier zwischen der materiell-technischen und der ökonomischen Seite unterscheiden. Natürlich sollten die einzelnen Betriebe relativ eigenständig – besser: eigenverantwortlich – über die für sie günstigsten Produktionsbedingungen bestimmen, neue Varianten vorschlagen, die vorhandenen Ressourcen bestmöglich ausschöpfen, usw. (was im Grunde schon für einzelne Betriebsteile gilt). Etwas anderes ist die Eigenverantwortung über den Gewinn und die Aufnahme von Krediten; sie durchlöchern den zentralen Plan. Doch begründet dies noch keine Warenproduktion.

Dazu müssten die Beziehungen der Betriebe untereinander untersucht werden. Auffälliger Weise wird darüber nichts ausgesagt. Konnten die Betriebe im Austausch mit anderen Betrieben die Preise bestimmen? Gab es Konkurrenzbeziehungen? Keineswegs. Es wird ausdrücklich festgehalten: »Die Ware wird nicht mehr für den spontanen Austausch produziert, sie ist nicht mehr Vermittler zwischen den isolierten privaten Warenproduzenten, sondern sie wird planmäßig hergestellt und gelangt über einen planmäßig organisierten Austausch zu den Konsumenten«. Und weiter: »die Entscheidung, gegen welche Gebrauchswerte sich diese Waren austauschen«, erfolgt »nicht nach dem Ermessen der [...] einzelnen Betriebskollektive« (53-4). Ein »Austausch« der planmäßig und genauso wie geplant abläuft, ist kein Tausch, sondern Ergebnis von Kooperation. Er liefert keine Grundlage für die Verwandlung der Produkte in eine Ware.

Eine zweite Begründung für die Notwendigkeit einer Warenproduktion wird hergeleitet aus dem Verhältnis von betrieblicher und allgemein gesellschaftlicher Arbeit. Letztere werde, so die Autoren, in den gesellschaftlichen Betrieben verausgabt und durch die gesellschaftliche Planung so gestaltet, dass eine Vergeudung gesellschaftlicher Arbeit vermieden wird und damit eine höhere Rationalität als im Kapitalismus erreicht wird (27-8). Weiter stellen sie zutreffend fest, dass »die Arbeit in verschiedenen Betrieben [...] als allgemein gesellschaftliche Arbeit gleichgesetzt« wird, machen aber auch »eine Nichtidentität betrieblicher und allgemein gesellschaftlicher Arbeit«

insofern aus, als in den Einzelarbeiten »von ihren konkreten Formen und Bedingungen abstrahiert wird« (28).

Dies ist eine Argumentation, die uns schon in *Politische Ökonomie des Sozialismus und ihre Anwendung in der DDR (PÖdS)* weiter oben begegnete. Wenn dann anschließend der Widerspruch zwischen konkreter und abstrakter Arbeit in der sozialistischen Planwirtschaft kurzerhand zu einem Widerspruch »zwischen Gebrauchswert und Wert, zwischen Ware und Geld, zwischen Käufer und Verkäufer, Produzent und Konsument, Angebot und Nachfrage« (28) erklärt wird, wird das vorausgesetzt, was angekündigt wurde, begründet zu werden.

Aussagen von Marx, die sich auf die kapitalistische Produktionsweise beziehen, werden ohne weiteres auf die »sozialistische Warenproduktion« übertragen. Die Autoren folgen hier Marx bis in seine Aussagen über die »Möglichkeit quantitativer Inkongruenz zwischen Preis und Wertgröße« im Austauschverhältnis von Waren (111). Sie sehen hierin sogar einen »Vorzug bei der planmäßigen Gestaltung der Preise im Sozialismus« (ebd.). Auf den Widerspruch zwischen solchen Übertragungen und der vorangehenden Versicherung, die »sozialistische Warenproduktion« sei etwas ganz anderes als die kapitalistische, wird nicht eingegangen.

Die hier vorgetragene Kritik wäre von den Autoren als »›links‹revisionistisch« bewertet und »anarchistischen und trotzkistischen Strömungen« (50) zugeordnet worden. Als Beleg bringen sie ein Zitat von Ernest Mandel, in dem von einem »zähen und langen Kampf zwischen dem Prinzip des bewussten Planens und dem blinden Wirken des Wertgesetzes« die Rede ist.[17] Und mit dieser Abkanzlung wird zugleich Preobraschenskis Auffassung vom Kampf zweier Prinzipien/Regulatoren (Kap. 1.3.1) erledigt – was sich letztlich, da die Industrialisierungspolitik der 1930er Jahre eher Preobraschenskis und nicht Bucharins Vorschlägen folgte, gegen Stalin richtet. Das Wirken des Wertgesetzes im Sozialismus würde fälschlich mit kapitalistischer Spontaneität identifiziert (51). Wenn jedoch die Vorausberechnung der Arbeitszeit im Plan nicht zur Verfügung steht, bleibt nur die Wertbestimmung durch Angebot und Nachfrage,[18] was eine spontane Bewegung ist. Die Versicherung, dass die

---

17 [Man69, 132]. Ironischer Weise unterscheiden sich Mandels Ausführungen zu diesem Zitat nicht allzu sehr von den vorherrschenden Vorstellungen der DDR-Ökonomen.

18 »In dem Augenblick, wo Angebot und Nachfrage einander die Waage halten und daher zu wirken aufhören, fällt der Marktpreis einer Ware mit ihrem wirklichen Wert, mit dem Normalpreis zusammen, um den ihre Marktpreise oszillieren« [MEW16, 119].

Kritiker der Existenz objektiver ökonomischer Gesetze im Sozialismus zu wenig Beachtung schenken würden, führt nicht weiter, solange nicht erklärt wird, worin diese bestehen und inwiefern gegen sie verstoßen wird.[19]

Doch gibt es auch bemerkenswerte neue Töne gegenüber dem Buch *PÖdS*.

- Es ist nicht mehr die Rede von einer sozialistischen Produktionsweise und vom Sozialismus als einer eigenständigen Formation, die sich auf eigener Grundlage entwickelt, sondern lediglich von »sozialistischen Produktionsverhältnissen« oder »sozialistischer Gesellschaft«, meistens aber schlicht von »Sozialismus«.
- Die Behauptung der Existenz eines Marktes erscheint nicht mehr.
- Ausgehend von der Feststellung des unter Ware-Geld-Beziehungen bestehenden Widerspruchs, dass die Wertgröße einerseits durch die notwendige Arbeitszeit bestimmt wird, diese Arbeitszeit aber nicht gemessen werden kann, deutet Richter (der für diesen Abschnitt verantwortlich zeichnet) »die Richtung an, in der künftig in zunehmendem Maße die Wertgrößenermittlung erfolgen wird« (51): Zentrale Planung und Arbeitszeitbestimmung mit »Hilfe von Verflechtungsbilanzen« und unter Anwendung von ökonomisch-mathematischen Modellen. »Berechnungsergebnisse tragen vorerst noch Näherungscharakter. Sie sind aber eine wichtige Vorbedingung für die Zeitrechnung, die im Kommunismus Anwendung finden wird« (ebd.).

Faktisch spielten sie jedoch bis zum Ende der DDR kaum eine Rolle (vgl. 2.2.5).

1.2.5
Steuern und Wertgesetz in einer sozialistischen Ökonomie

In der DDR wurden (ähnlich wie in anderen sozialistischen Ländern) die Staatsausgaben im Wesentlichen über eine Art Umsatzsteuer finanziert. Im Jahr 1980 zum Beispiel machten Abgaben von Kombinaten, Betrieben und Produktionsgenossenschaften ungefähr 84 % der Staatseinnahmen aus, während die Einkommenssteuer mit gut 4 % nur eine marginale Rolle spielte. [DH90, 299, 301].

19 Nowoschilows Überlegungen über die Möglichkeit der Planoptimierung durch sukzessive Herstellung eines Gleichgewichts von Angebot und Nachfrage sämtlicher Produkte ([Nov70, Kap 2.1.3]) wurde genau so wenig ins Auge gefasst wie die direkte Arbeitszeitberechnung.

Unter dem Gesichtspunkt einer Arbeitszeitrechnung hat eine solche Steuerpolitik zwei beträchtliche Nachteile:

- Die Preise entsprechen nicht ihren Arbeitswerten.
- Die Produktivkraftentwicklung wird gehemmt, indem die Industrieprodukte zu hoch und die Arbeitskräfte zu niedrig bewertet werden.[20]

Es seien drei Sektoren gegeben:

Sektor I	Produktion von Produktionsmitteln mit dem Output m (»Maschinen«),
Sektor II	Produktion von Konsumtionsmitteln mit dem Output b (»Brot«),
Sektor III	Die Versorgung mit unentgeltlichen Diensten wie Gesundheit, Erziehung, usw.

Sektor	Personen (P)	Maschinen (M)	Output
I	4.000.000	250.000	100.000 Maschinen (m)
II	6.000.000	250.000	1.000.000.000 Brot (b)
III	5.000.000	250.000	kein physischer Output

Sei δ die Abschreibungsrate der Maschinen. Dann gilt für den Outputüberschuss m_g der eingesetzten Maschinerie

$$m_g = m - (\delta M_1 + \delta M_2 + \delta M_3) \quad (1)$$

Der Staat muss in seiner Bilanzierung die Kosten C_i für den Betrieb der drei Sektoren mit seinen Bestandteilen Grundanlagefonds (Maschinerie, Gebäude, Infrastruktur) und Personalkosten erfassen:

$$C_1 = c\delta M_1 + wP_1 \quad (2)$$

$$C_2 = c\,\delta M_2 + wP_2 \quad (3)$$

$$C_3 = c\,\delta M_3 + wP_3, \quad (4)$$

wobei *w* die Lohnrate und c eine Maschinenrate für Investitionen ist. Eine sinnvolle Definition für *c* ist.

20 Diesen Mangel hat Paul Cockshott in [Coc19, 251f.] aufgedeckt.

$$c=\frac{C_1}{m}, \qquad (5)$$

das heißt die Produktionskosten (in Sektor I) pro Einheit.

Wir vergleichen nun die Wirkung einer Einkommenssteuer mit der einer Umsatzsteuer.

Fall 1: Alle Einnahmen des Staates werden über eine Einkommenssteuer t eingezogen

Unter der Voraussetzung, dass es keine Spareinlagen der Arbeiter gibt, muss gelten:

$$pb=w(P_1+P_2+P_3)(1-t), \qquad (6)$$

wobei *p* der Brotpreis ist. Das heißt, der Verkaufspreis des Brotes muss mit dem Nachsteuer-Einkommen der Arbeiter übereinstimmen. Mit den Steuereinnahmen wird der Sektor III und die Netto-Akkumulation des Produktionsfonds finanziert:

$$cm_g+C_3=tw(P_1+P_2+P_3). \qquad (7)$$

Mit der gegebenen technischen Struktur und wenn wir ferner $\delta = 0{,}1$ setzen (das heißt im Wirtschaftszeitraum wird ein Zehntel der Maschinen abgeschrieben), haben wir 8 freie Variablen m_g, c, w, t, p, C_1, C_2, C_3 bei 7 Gleichungen. Wenn wir die Lohnrate auf $w=1$ festlegen – was einer Bewertung zum Arbeitswert gleich kommt –, sind die anderen Variablen determiniert.

Als Lösung des Gleichungssystems ergibt sich:

p	c	t	C1	C2	C3	Steuereinnahmen
0,00733	53,333	0,5111	5333333	7333333	6333333	7666666

Fall 2: Statt der Einkommen werden die Betriebe besteuert, das heißt die Steuern, mit der Steuerrate r, werden aus den Sektoren I und II geholt

Es erhöhen sich die Produktionskosten, weil die zu zahlenden Steuern noch hinzukommen.

Gleichung (5) wird zu

$$c=(1+r)\frac{C_1}{m}. \qquad (5')$$

Die Steuern aus Sektor II müssen den Gewinn aus dem Brotverkauf abdecken:

$$rC_2=pb-C_2, \qquad (5'')$$

damit Akkumulation und C_3 aus den Steuern der Sektoren I und II finanziert werden können:

$$cm_g+C_3=rC_1+rC_2 \qquad (7')$$

Als Lösung des Gleichungssystems ergibt sich

p	c	r	C1	C2	C3	Steuereinnahmen
0,15	116,32	0,684	6908066	8908066	7908066	10134234

Die Konsumpreise verdoppeln sich fast, die Industriepreise haben sich mehr als verdoppelt.

Im Fall 1 entsprechen die Preise ihren Arbeitswerten. Die gesellschaftliche Gesamtarbeitszeit beträgt 15000000 Pj (Personenjahre), was (wegen *w=1)* genauso viel AS (Arbeitsscheinen, oder Geld) entspricht. Davon geht 48,88 % in den Konsum; das sind 7333333 Pj. Die Brotpreissumme beträgt 0,00733x1000000000= 7333333 AS; der Preis stimmt mit dem Arbeitswert überein.

Im Fall 2 ist die Brotpreissumme 15000000 AS, weil keine Einkommenssteuer eingezogen wird. Da die Verteilung der gesellschaftlichen Arbeit gleich geblieben ist, müssen die Arbeiter jetzt für eine Arbeitszeit von 7333333 Pj 15000000 AS hergeben. Die Preise stimmen nicht mehr mit den Arbeitswerten überein.

Betrachten wir jetzt die Wirkung der unterschiedlichen Besteuerung auf die Produktivkraftentwicklung. Angenommen im Sektor I gibt es eine Technologie, die mit 60 Maschinen und 960 Leuten 24 neue Maschinen herstellt. Bei einer Einkommenssteuer (Fall 1), die eine Maschinenrate von 53,3 Arbeitseinheiten pro Einheit verlangt, werden für die gesamten Kosten in Sektor I

$$C_1 = 5{,}33 \cdot 60 + 960 = 1278$$

verbucht. Im Fall 2 (Umsatzsteuer) mit einer Maschinenrate von 117,3 wird C_1 mit

$$C_1 = 11{,}632 \cdot 60 + 960 = 1658$$

verbucht.

Angenommen, mit einer neuen Technologie lassen sich 24 neue Maschinen mit 140 Maschinen und 200 Leuten herstellen. Im Fall 1 ergibt sich

$$C_1 = 5{,}33 \cdot 140 + 200 = 946$$

und damit eine Arbeitszeitersparnis von 26 %. Im Fall 2 ergibt sich jedoch

$$C_1 = 11{,}632 \cdot 60 + 960 = 1658$$

und damit eine Erhöhung (im Buchungspreis) von 10 %.

Ein rationales Management würde sich im Fall 1 für die neue Technik und im Fall 2 für die alte entscheiden – und damit objektiv falsch liegen.

Umsatzsteuern bewerten die Maschinen zu hoch und die Arbeitskraft zu niedrig. Wie wir gesehen haben, liegt darin eine Tendenz zur Hemmung der Produktivkraft.

1.3 Schieflagen

1.3.1 Parallelen zwischen NÖS und Neuer Ökonomischer Politik (NÖP) in der Sowjetunion?

Zur Rechtfertigung des NÖS wird häufig die NÖP Lenins angeführt. Prüfen wir das Argument.

1920, nach dem Sieg der Roten Armee im Bürgerkrieg, wurden bemerkenswerte Beschlüsse zum Aufbau des Sozialismus gefasst. Ein einheitlicher Wirtschaftsplan (IX. Parteitag, März-April 1920), Ausbau des Systems der kostenlosen staatlichen Versorgung im Zusammenhang mit der Naturalisierung des Arbeitsentgelts, weitere Einengung des freien Handels und damit der Zurückdrängung des Marktes, Ablieferungspflicht landwirtschaftlicher Produkte, Bestrebungen das Geld abzuschaffen und zu einer naturalen Wirtschaftsform überzugehen [Mey74, 34f.]. Verrechnungsgrundlage sollte eine Arbeitseinheit »Tred« (trudovaya yedinitsa) sein, die der Qualifikation eines einfachen Arbeiters entspricht. [Str77, 125]. Die mittleren und kleinen Betriebe wurden verstaatlicht.

Der auf dem VIII. Allrussischen Sowjetkongreß am 22. Dezember 1920 beschlossene Plan der Elektrifizierung des Landes (**GOELRO**) war das Herzstück des einheitlichen Plans einer marktlosen Wirtschaft. Nicht zufällig weist Lenin im Zusammenhang der Aufforderung zur Verwirklichung dieses von ihm als »unser zweites Parteiprogramm« bezeichneten Plans auf das eigentliche Parteiprogramm hin, das von Preobraschenski und Bucharin (gemeint ist das *ABC des Kommunismus* [Buc21]) »so vortrefflich erläutert worden sei« [LW31, 511]. Und seine Perspektive war unzweifelhaft: »Wir brauchen dieses Programm als ersten Entwurf, aus dem ein großer Wirtschaftsplan für ganz Russland erstehen wird, der auf nicht weniger als zehn Jahre berechnet ist und zeigt, wie Russland auf die richtige wirtschaftliche Grundlage übergeleitet werden soll, die für den Kommunismus notwendig ist.« (512), zugespitzt: »Kommunismus – das ist Sowjetmacht plus Elektrifizierung des ganzen Landes« (513).[21] Gert Meyer weist darauf hin, dass diese Entscheidungen keineswegs durch den Bürgerkrieg erzwungen wurden (»Kriegskommunismus«), sondern schon vor dem Ausbruch des Bürgerkrieges in Angriff genommen wurden (Abschaffung der Mieten, kostenlose Versorgung von Millionen von Menschen und die Versuche der Abschaffung des Geldes) und nach dem Krieg fortgesetzt wurden [Mey74, 54-55].

Nach Lenin war es gerade umgekehrt. Die Verwüstungen des Krieges waren die Ursache für die *Revision* dieser Politik. Sie müsse (hier ging es um

21 Oder auch: »Die Elektrifizierung auf der Basis der Sowjetordnung wird den endgültigen Sieg der Grundlagen des Kommunismus in unserem Lande herbeiführen, der Grundlagen eines kultivierten Lebens ohne Ausbeuter, ohne Kapitalisten, ohne Gutsbesitzer, ohne Kaufleute« [LW30, 360].

die Ablieferungspflicht) »einer gewissen Revision« unterzogen werden. »Sie alle wissen natürlich sehr gut, welche Summe von Ereignissen, besonders auf dem Boden der äußersten Verschärfung der Not, die durch den Krieg [...] verursacht wurde, welche Summe von Umständen die Lage der Bauernschaft besonders schwer, besonders ernst gestaltet und ihr Schwanken vom Proletariat zur Bourgeoisie unvermeidlich verstärkt hat« [LW32, 216]. Der direkte Weg zur kommunistischen Produktionsweise musste unter diesen Bedingungen revidiert werden, weil die Revolution in entwickelten Ländern ausblieb und das Bündnis des Proletariats mit den Bauern gefährdet war.[22]

Lenin war sich des Widerspruchs, der dem Aufbau des Sozialismus mit Hilfe kapitalistischer Strukturen innewohnte, natürlich bewusst. Die NÖP war ein zeitweiliger Rückzug: »Und als sich zum Frühjahr 1921 herausstellte, dass unserem Vortrupp der Revolution die Gefahr drohte, sich von der Masse des Volkes, von der Masse der Bauernschaft, die er mit Geschick vorwärtsführen soll, zu lösen, da beschlossen wir einmütig und felsenfest, den Rückzug anzutreten« [LW33, 311].

Er vertraute darauf, dass der Widerspruch mittels Arbeiterkontrolle des proletarischen Staates und des Festhaltens am einheitlichen staatlichen Wirtschaftsplan, indem die Art und Weise seiner Verwirklichung geändert wird [LW35, 510], eine Zeit lang – er rechnete mit Jahren, nicht mit Jahrzehnten – beherrschbar blieb.

Doch spätestens mit der »Scherenkrise« im Herbst 1923 (hohe Preise für Industriegüter, niedrige für Agrarerzeugnisse) wurde das Verhältnis

22 »Es steht außer Zweifel, dass man die sozialistische Revolution in einem Lande, wo die ungeheure Mehrheit der Bevölkerung zu den kleinbäuerlichen Produzenten gehört, nur durch eine ganze Reihe besonderer Übergangsmaßnahmen verwirklichen kann, die völlig unnötig wären in Ländern des entwickelten Kapitalismus, wo die Lohnarbeiter in Industrie und Landwirtschaft die gewaltige Mehrheit bilden. [...] Nur in solchen Ländern, wo diese Klasse hinreichend entwickelt ist, ist der unmittelbare Übergang vom Kapitalismus zum Sozialismus möglich und erfordert keine besonderen gesamtstaatlichen Übergangsmaßnahmen. [...] Die sozialistische Revolution kann in einem solchen Lande nur unter zwei Bedingungen endgültigen Erfolg haben. Erstens unter der Bedingung, dass sie rechtzeitig durch die sozialistische Revolution in einem oder in einigen fortgeschrittenen Ländern unterstützt wird. [...] Die andere Bedingung ist die Verständigung zwischen dem Proletariat, das seine Diktatur ausübt oder die Staatsmacht in seinen Händen hält, und der Mehrheit der bäuerlichen Bevölkerung.« [LW32, 216-217] (Referat über die Ersetzung der Ablieferungspflicht durch die Naturalsteuer, 15. März 1921, im Rahmen des X. Parteitags der KPR(B)).

von Industrie und Landwirtschaft zu einem ernsten Problem. Nach ernsten Bauernunruhen wurden den Bauern – vornehmlich den mittleren und den reichen – Zugeständnisse gemacht [Coh75, 161]. Darüber entbrannte eine heftige Industrialisierungsdebatte. Jewgeni Preobraschenski[23] sah in der Sowjetwirtschaft den Kampf zweier konfligierender Gesetze. Das erste ist das Planungsprinzip, zunächst als Gesetz der ursprünglichen sozialistischen Akkumulation, dann als Gesetz der sozialistischen Akkumulation,[24] das zweite ist das Wertgesetz. Der Kern der Wirtschaftspolitik besteht in dem Problem der Behandlung des dialektischen Widerspruchs, der nach Preobraschenski in Folgendem besteht: »Je schneller die Bauernschaft fortschreitet und ihre Produktion für den Markt ansteigt, umso größer ist die Basis für die sozialistische Akkumulation. Das ist die eine Seite. Aber je schneller dies Wachstum stattfindet, desto größer ist die Basis für die Entwicklung des fundamentalen Gesetzes der Warenwirtschaft, [...] desto breiter ist die die Grundlage für die Bildung kapitalistischer Verhältnisse« [Pre71, 327-328].

Das Wertgesetz, das sich in seiner reinen Form nur in der völlig freien Warenzirkulation bei freier Konkurrenz entfalten kann, unterliege schon mit den Monopolisierungstendenzen im Kapitalismus Einschränkungen. Erst recht gelte das für den Fall, wo die ganze Großindustrie in den Händen des proletarischen Staates liege (206). »Als Ergebnis hiervon müssen wir unvermeidlich ein weitgehendes Absterben der Wirkung des Wertgesetzes innerhalb des staatswirtschaftlichen Sektors haben, zugleich mit einer sehr starken Entwicklung dieser Wirkung jenseits der Grenzen der Staatswirtschaft« (207). Ursprüngliche sozialistische Akkumulation komme nicht aus, »ohne einen Teil des Mehrprodukts der Bauern und Handwerker zu enteignen« (114) und damit gegen das Wertgesetz zu verstoßen (109). Nur so könne ein hinreichendes Wachstum der staatlichen Großindustrie erreicht werden.

Das war ein Angriff auf die »offizielle Politik«, die theoretisch von Bucharin (der zu der Zeit ein Duumvirat mit Stalin bildete) vertreten wurde.

---

23 Führender Ökonom. War zu der Zeit Vorsitzender des Komitees für Finanzen und Mitglied der Regierung.

24 Sozialistische Akkumulation ist ein Mehrprodukt, das innerhalb der Staatswirtschaft angeeignet wird, während ursprüngliche sozialistische Akkumulation die Akkumulation von Quellen ist, die außerhalb der Staatswirtschaft liegen [Pre71, 108].

Bucharin[25] trat für eine proportionale Entwicklung von bäuerlichem Sektor (der den größten Teil der Konsumgüter nachfragte) und der Industrie ein. Nur wenn die Industrie auf der Basis einer schnell wachsenden Landwirtschaft voranschreitet, könne die höchste Wachstumsrate erreicht werden [Buk64, 260]. Als 1927/28 mit der »Getreidekrise« die NÖP das dritte Mal von einer Versorgungskrise erschüttert wurde und die Führung langsam begriff, dass nicht die Unterkonsumtion, sondern der »Güterhunger«, die Unfähigkeit der Staatswirtschaft, die Konsumnachfrage zu befriedigen, die Ursache der wirtschaftlichen Misere war [Coh75, 164], setzte sich mit Beginn der Fünfjahrespläne (1927/28) unausgesprochen die Linie Preobraschenskis insofern durch, als der Industrie absoluten Vorrang eingeräumt wurde.[26] Der effektivste Weg wurde dabei sicherlich nicht gefunden (siehe Kap. 2.1.1); das ändert nichts an seinem großen Erfolg [Vgl. Anhang 2].

1.3.2 Wann wird der Widerspruch zwischen Plan und Markt ein antagonistischer?

Der Vergleich zwischen NÖS und NÖP zeigt einen fundamentalen Unterschied im Umgang mit Widersprüchen. Was lehrt uns Mao? »Im Entwicklungsprozess eines komplexen Dings gibt es eine ganze Reihe von Widersprüchen, unter denen stets einer der Hauptwiderspruch ist; seine Existenz und seine Entwicklung bestimmen oder beeinflussen die Existenz und die Entwicklung der anderen Widersprüche. [...] In einer anderen Situation vertauschen jedoch die Widersprüche ihren Platz« [Mao68, 58-9].

---

25 Bucharin hatte ironischer Weise den Ausdruck »ursprüngliche sozialistische Akkumulation« in seinem Buch »Ökonomik der Transformationsperiode« von W. M. Smirnow übernommen [Buc90, 162]. Lenin fand den Ausdruck »völlig misslungen«, hatte aber mit der inhaltlichen Ausführung offenbar keine Probleme.

26 »Der Vorteil, den die Kollektivierung, insbesondere die erzwungene Zwangskollektivierung gegenüber einer anderen Politik hatte, bestand darin, dass sie zur maximalen Rate der Land-Stadt-Migration führte. Die Verpflichtung der Bauern, ihre Ernte an staatliche Stellen zu verkaufen, garantierte die Ernährung der neuen städtischen Arbeiter. Diese Lebensmittelverkäufe können als ein Kapitaltransfer betrachtet werden, wenn die Abrechnungen in der richtigen Weise durchgeführt werden. Das war Probraschenskis Logik, und sie hat funktioniert« [All03, 186]. In Allens Simulation der forcierten Industrialisierung schnitt die Weiterführung der NÖP-Politik nicht so viel schlechter ab. Allerdings wurden die politischen Probleme wie der erstarkende Kapitalismus auf dem Lande durch das Modell nicht erfasst.

In der jungen DDR war der Widerspruch zwischen dem notwendigen Aufbau des Sozialismus und die dafür nicht hinreichend entwickelte Produktion der Hauptwiderspruch, der Widerspruch zwischen Plan und Markt ein Nebenwiderspruch. Die Beiträge von Behrens und Benary verstanden sich ja auch als Analyse der Übergangsperiode: der Übergang zu einer Produktionsweise, deren Voraussetzungen erst geschaffen werden müssen. In dieser Periode sind die beiden gegensätzlichen Seiten des Widerspruchs voneinander abhängig. Kein Plan ohne Markt, weil der Markt erst die Bedingungen schafft, die die kommunistische Produktionsweise ermöglicht. Kein Markt ohne Plan, weil sonst das Ziel einer kommunistischen Produktionsweise nicht erreicht werden könnte. Doch diese Identität des Widerspruchs existiert »nur unter bestimmten, unerlässlichen Bedingungen« [Mao68, 74]; das ist hier die Übergangsperiode.

In dem Maße jedoch, in dem die Produktivkraftentwicklung eine kommunistische Produktionsweise ermöglicht, werden Marktbeziehungen zu einem Hemmnis für die Entwicklung der Produktivkraft (und der Gesellschaft). Der Widerspruch zwischen Markt und Plan wird zum Hauptwiderspruch. Er entwickelt sich zu einem Antagonismus, der nur in der Vernichtung einer der gegensätzlichen Seite des Widerspruchs aufgelöst werden kann.

Stalin hat diese Gefahr durchaus gesehen. In *Ökonomische Probleme des Sozialismus in der UdSSR* setzte er sich mit der Behauptung des »Genossen Jaroschenko« auseinander, im Sozialismus gebe es keinerlei Widerspruch zwischen den Produktionsverhältnissen und den Produktivkräften. Die gäbe es schon dadurch, dass die Produktionsverhältnisse hinter der Entwicklung der Produktivkräfte zurückbleiben. Es komme darauf an, diese Widersprüche nicht zu einem Gegensatz werden zu lassen und »durch Anpassung der Produktionsverhältnisse an das Wachstum der Produktivkräfte rechtzeitig Maßnahmen zu ihrer Überwindung zu treffen.« Dazu zählte er »solche ökonomischen Erscheinungen wie das kollektivwirtschaftliche Gruppeneigentum und die Warenzirkulation«. Sie haben zur erfolgreichen Entwicklung der Wirtschaft beigetragen, doch wäre es »unverzeihliche Blindheit, wollte man nicht sehen, daß diese Erscheinungen gleichzeitig auch schon beginnen, die gewaltige Entwicklung unserer Produktivkräfte zu hemmen, da sie Hindernisse für die vollständige Erfassung der gesamten Volkswirtschaft, besonders der Landwirtschaft, durch die staatliche Planung schaffen. Es kann kein Zweifel darüber bestehen, daß diese Erscheinungen je länger, je mehr das weitere Wachstum der Produktivkräfte unseres Landes hemmen werden. Folglich besteht die Aufgabe darin, diese Widersprüche zu beseitigen durch allmähliche Umwandlung des kollektivwirtschaftlichen Eigentums in allgemeines Volkseigentum und durch – gleichfalls allmähliche – Einführung des Produktenaustauschs an Stelle der Warenzirkulation« [Sta52, 69] bzw. [Sta51, 359].

Abstrahierend von den konkreten gesellschaftlichen Bedingungen lässt sich festhalten: Zum Markt gehören untrennbar unabhängig, privat voneinander produzierende Produzenten, deren gesellschaftlicher Zusammenhang durch den Tausch gestiftet wird. Der Tausch ist verbunden mit einem Eigentümerwechsel und in seiner Realisierung nehmen die Produkte die Form einer Ware an. Die gesellschaftlich notwendige Arbeitszeit, die für die Produkte verausgabt wird, bestimmt sich im Nachhinein, gewaltsam. Das besorgt das hinter dem Rücken der Agierenden wirkende Wertgesetz.

Zum Plan gehören untrennbar abhängig voneinander produzierende Produzenten, deren gesellschaftlicher Zusammenhang durch Kooperation gestiftet wird. Die Kooperation ist nicht mit einem Eigentümerwechsel verbunden und in Kooperation erzeugte Produkte nehmen nicht die Form einer Ware an. Die gesellschaftlich notwendige Arbeitszeit, die für die Produkte verausgabt wird, steht von vornherein fest. Das besorgt der bewusst ausgearbeitete Plan.

Es lässt sich durchspielen: Fällt eine der markierten Eigenschaften, fallen auch alle anderen. Darin besteht der Antagonismus von Plan und Markt.

Die Kontroverse um Plan und Markt, die sich an dem nach Stalins Tod eingeschlagenen polit-ökonomischen Weg entzündete, ist nicht neu. Bekannt ist die Kontroverse zwischen Paul M. Sweezy und Charles Bettelheim (1968-70), die sich vor dem Hintergrund der Ereignisse des »Prager Frühlings« entwickelte.

Für Sweezy zeigen sich in Markt, materiellen Anreizen, Kontrolle der Betriebe durch diese selbst Tendenzen zur Wiederherstellung des Kapitalismus. Der Widerspruch zwischen Markt (»als der zentralen Einrichtung der kapitalistischen Gesellschaft«) [Swe69, 104] und Plan (als der bewussten gesellschaftlichen Kontrolle) ist für ihn zentral. Dabei erkennt er an, dass der Ausdehnungsgrad von Warenverhältnissen an sich noch kein hinreichendes Indiz für das Fort- oder Rückschreiten des Sozialismus ist. Es kommt darauf an, wie eine eventuelle Erweiterung der Warenverhältnisse behandelt wird. So wurde sowohl in der Tschechoslowakei 1968 als auch in den meisten anderen europäischen sozialistischen Ländern die Ausweitung der »Ware-Geld-Beziehungen nicht als zeitweiliger Rückzug, sondern als Fortschritt zum Sozialismus betrachtet (vgl. [Swe72, 36, Fußnote 4]). Bettelheim, der für die Übergangsperiode ganz ähnlich wie Preobraschenski ein Gesetz der gesellschaftlichen Leitung formuliert, das sich als Resultat des Konflikts zweier antagonistischer Gesetze (des Wertgesetzes und der gesellschaftlichen Leitung) darstellt [Bet70, 127], hält dennoch den Widerspruch zwischen Markt und Plan für ein »Oberflächenphänomen« [Swe69, 112 bzw. 114], das in der gesamten Übergangsperiode zum Kommunismus unumgänglich sei (115). Dass Marktbeziehungen eine so große Rolle spielen, sei nur Anzeichen und Folgeerscheinung eines tiefer gelegenen politischen Problems: der Übernahme der Macht durch eine neue Bourgeoisie (112).

Demnach wäre die Einführung von Marktbeziehungen eine Folge der Existenz einer bereits entstandenen Bourgeoisie. Dann müsste erklärt werden, wie es zu dieser Bourgeoisie gekommen ist.[27] Die Geschichte spricht jedenfalls gegen Bettelheim. Der Markt bildete erst den Nährboden für eine Bourgeoisie. Die Folgebeziehung ist gerade umgekehrt zu seiner Darstellung. Doch Bettelheim meint, der Sozialismus könne von Marktbeziehungen, Geld und Preisen so lange nicht angefochten werden, wie die Vorherrschaft des Proletariats besteht (115).

Stimmt Bettelheims These, dass man mit der Hervorhebung des Widerspruchs Markt/Plan »auf dem Terrain der *Formen* bleibt« [Swe72, 50] (Hervorh. Bettelheim) und damit nicht zu den grundlegenden Beziehungen, die auf der Ebene der Produktions- und Klassenverhältnisse liegen (45) gelangt? (23). Die Ausdrücke »Markt« und »Plan« verweisen, so Bettelheim, »auf Formen der *Darstellung*, die sie noch in ideologischen Ausdrücken wiedergeben und nicht als wirkliche Verhältnisse« (45) (Hervorh. HD).

Bettelheims offenkundige Reverenz an Althusser[28] führt ihn hier auf Abwege. Marx bediene sich dieses Begriffs, um eine Frage in den Griff zu

27 Die Einschätzung Bettelheims überrascht umso mehr, als in seinem gleichzeitig erschienenen Buch »Ökonomischer Kalkül und Eigentumsformen« keine Rede davon war und er in Arbeiten kurz vorher die sowjetische Politik im Prinzip verteidigt hat [Bet69a, 50f.]; [Bet69b, 80f.].

28 Für Althusser ist »Darstellung« der Schlüsselbegriff der gesamten Werttheorie [Alt72, 253] bzw. [Alt65, 404].

bekommen, die er gar nicht gestellt hat, die aber in seinem Werk praktisch präsent sei: Wie ist eine neue Art von Kausalität zu denken, eine Kausalität, in der die Elemente eines Ganzen nicht wie im Erscheinung/Wesen-Modell nichts anderes sind als phänomenale Ausdrucksformen, sondern durch die Struktur selbst, als die das Ganze gedacht wird, determiniert werden. In diesem Zusammenhang greift Althusser zu einer Metapher für »Darstellung«: Sie habe die Existenzweise einer Inszenierung, eines Theaters, das freilich keinen Autor hat [Alt72, 260-261] bzw. [Alt65, 411]. Er sieht in Markt und Plan lediglich »Käufer, Verkäufer, Planer, Unternehmensdirektor, Verwalter etc.« als Akteure in einem – um mit Althusser zu sprechen – Theater ohne Autor [Bet70, 148]; [Swe72, 46].

Tatsächlich sind sie Darstellungsform bestimmter Produktionsverhältnisse: Entweder Verhältnisse, die Kapitalisten und Lohnarbeiter oder Arbeiter und vergesellschafteter Eigentümer eingehen; entweder gesellschaftliche Produktion von privaten Produzenten, deren Zusammenhang durch Tausch hergestellt wird, oder gesellschaftliche Produktion von Kollektivproduzenten, deren Zusammenhang durch Kooperation gestiftet wird.

In den Ereignissen 1989/90 verwiesen »Markt« und »Plan« auf sehr wirkliche Verhältnisse: Die erste Maßnahme der neuen Damen und Herren war die Privatisierung. Aus Plan wurde Markt. Es ist die Sprengkraft des Marktes, die ihn zu einer hervorgehobenen Form macht. Sicherlich lässt sich der Widerspruch zwischen Markt und Plan eine Zeitlang im Zaum halten durch das, was Bettelheim einseitig hervorhebt: die politische Herrschaft des Proletariats. Doch nicht auf Dauer. Die NÖP wurde nicht zuletzt beendet, weil der sich vor allem auf dem Land entwickelnde Kapitalismus den Zusammenhalt der Gesellschaft bedrohte. Diente der Markt zunächst der Entwicklung des Sozialismus, wurde er nach einiger Zeit gefährlich. Die proletarische Herrschaft tat das ihr Gemäße.

1.3.3 Sozialdemokratische Degeneration

1969 urteilte Paul M. Sweezy über die Entwicklung in den europäischen sozialistischen Ländern: »Für Lenin war die NÖP eine derartige Bewegung (gemeint ist: eine zeitlich begrenzte und umkehrbare Bewegung, HD). Aber der zunehmende Rückgriff auf Marktmechanismen in der Sowjetunion und Osteuropa hat heute etwas ganz anderes zu bedeuten. Man hält es nicht für einen zeitweiligen Rückzug, sondern vielmehr für einen sozialistischen Fortschritt, der ideologische Unterstützung und Legitimation erfährt« [Swe72, 36, Fußnote 4].

In der Tat: Die NÖS-Theoretiker lösten den Widerspruch zwischen Warenproduktion und Sozialismus (in ihrem Verständnis) dadurch, dass sie ihn leugneten. So wurde eine Situation herbeigeführt, in der, aus politischen Gründen, sich weder der freie Markt (der die Bedingung für die Wirkung des Wertgesetzes ist) und damit die destruktive Kraft der kapitalistischen Produktionsweise noch die Vorzüge der Planwirtschaft durchsetzen konnten. Wenn Warenproduktion und Wertgesetz zu integralen Bestandteilen dieses Sozialismus erklärt werden und dieser wiederum als eigenständige Produktionsweise/Formation aufgefasst wird, wird der Kommunismus auf den Sankt Nimmerleinstag verschoben.

Damit degeneriert jedoch die revolutionäre Perspektive zu einem sozialdemokratischen Konzept. Denn ein antagonistischer Widerspruch muss nach einer Seite hin aufgelöst werden. Es kann keinen Zweifel geben, dass diese Auflösung zugunsten des Marktes ausgefallen wäre, der Erweiterung der Selbstständigkeit der Betriebe zu privatwirtschaftlich operierenden ökonomischen Einheiten.

Zeigten sich solche Tendenzen, mussten sie von politischen Instanzen zurückgedrängt werden. Im Schatten des »Prager Frühlings« trug Gunther Kohlmey, seinerzeit Vorsitzender des Rates beim Ministerium für Außenhandel, auf einer wirtschaftswissenschaftlichen Konferenz den vielleicht weitestgehenden Vorstoß in Richtung einer »sozialen Marktwirtschaft« vor. Er begriff Planwirtschaft nicht nur »voll als Waren- und Geldwirtschaft mit Selbstregulierung und Rückkopplung zum Markt« [Koh68, 119], sondern trieb die Eigenständigkeit der Betriebe so weit, »dass der Betrieb als Teilsystem direkt nur mit seiner Vereinigung und der Bank gekoppelt ist«, samt »Devisenankauf und -verkauf für die außenwirtschaftlichen Operationen« (108). Da hier zu offensichtlich der Verabschiedung vom Sozialismus das Wort geredet wurde, pfiff ihn Günter Mittag zurück, ohne dass ein Bewusstsein darüber, dass solche Vorschläge nur der inneren Logik des NÖS-Konzeptes entsprechen, erkennbar war.

Hier sind einige Stimmen von Verantwortungsträgern aus Wirtschaft, Staatsapparat und Geschichtsschreibung, allesamt keine Wendehälse, von denen ich behaupte, dass sie repräsentativ sind.

René Steiner (Wirtschaftshistoriker): Heute ist die Planwirtschaft gründlich diskreditiert, auch aufgrund der Geschichte der DDR [Ste07, 7]. Das entscheidende Negativ-Moment war das planwirtschaftliche System (ebd.).

In Marktwirtschaften ergeben sich die Preise aus dem jeweiligen Verhältnis von Angebot und Nachfrage; die Preisentwicklung ist eine unverzichtbare Informationsquelle, an der die Unternehmen ihre wirtschaftlichen Entscheidungen ausrichten (14).

Karl Nendel (»General der Mikroelektronik«): Zweitens fehlte dem Sozialismus der Kreativgeist, den Privatbesitz hervorbringt [Nen18, 231].

Wir hätten aus dem Nebeneinander von privaten und staatlichen Betrieben und den daraus hervorgehenden Erkenntnissen Reformen entwickeln können (ebd., 232).

Der Kapitalismus bewies auch in der Eigentumsfrage, dass er flexibler ist und sich den Herausforderungen der Zeit anpassen kann (ebd).

Wilfried Maier (stellvertretender Minister für Elektrotechnik und Elektronik): Es besteht heute Konsens, dass die in der DDR praktizierte staatliche Preisfestsetzung der Vergangenheit angehört. […] Über Steuern und Abgaben, die den Preis der Waren und Leistungen erhöhen oder senken, können zielgenau gesellschaftlich sinnvolle soziale und ökologische Wirkungen erreicht werden. [Roh17, 85].

Manfred Domagk (Staatssekretär im Amt für Preise): [W]eil der Mangel in der DDR vor allem subjektive Ursachen hatte. So unter anderem das alles beherrschende Volkseigentum, was dem Wesen nach Staatseigentum war, unsinnig vergrößert durch die Umwandlung marktwirtschaftlicher Betriebe, ein starres Planungssystem mit über 800 Bilanzen und nicht zuletzt das Fehlen freier Preise für ein entsprechend großes Produktions- und Marktvolumen bei Wahrung staatlich festgelegter Preise für eine sozial gerechte Daseinsfürsorge [Roh17, 88].

Anschließend beantwortet er die Frage »Wie wollen wir leben?« schon beinahe rechtssozialdemokratisch: »Generell sollte alles das, was der sozial gerechten Daseinsfürsorge dient, in staatliche Hand gehören. Sofern das staatliche Betriebe betrifft, müsste dafür ein hoher Anteil kleiner Volksaktien gewährleistet sein. Es müssten staatlich festgelegte Preise zur Anwendung kommen, auch unter Gewährung von Subventionen. [...] neben dem Staatseigentum sollte der genossenschaftliche Zusammenschluss bei strikter Freiwilligkeit durch entsprechende finanzpolitische Maßnahmen gefördert werden. Die Bildung von Vermögen in Mittel-, Klein- und Dienstleistungsunternehmen ist zu ermöglichen. Kommunale Betriebe und Einrichtungen sollten auf Kosten-Gewinn-Basis wirtschaften. Dazu sind freie Preise unter Berücksichtigung von Angebot und Nachfrage anzuwenden. Nur dort, wo es nötig ist, muss die staatliche Preiskontrolle greifen und Höchstpreise festlegen.« (89)

Klaus Blessing (Tätigkeiten in metallurgischen Betrieben und Kombinaten und im ZK) ist insofern eine Ausnahme, als er »jede Form privaten Eigentums an Produktionsmitteln« ablehnt, weil es »Grundlage für die Ausbeutung des Menschen« ist [Ble14, 117]; auch genossenschaftliches oder Kollektiveigentum an einzelnen Betrieben löse das wirkliche gesellschaftliche Problem nicht (ebd. und 119f.). Auch eine Aussage wie »Eine sozialistische Gesellschaft [...] kann ohne eine starke zentrale Planwirtschaft überhaupt nicht existieren« (122) würde keiner der vorher Genannten unterschreiben. Doch eine »total zentrierte Verteilungswirtschaft« eines vermeintlichen »Computersozialismus« lehnt er auch ab, weil sie die »komplette Entmündigung der nachgeordneten Wirtschaftseinheiten« bedeuten würde (123). Doch letztlich landet auch er wieder bei der Versöhnung von Plan und Markt: »Eine mögliche Antwort liegt in der geschickten Verbindung zwischen staatlicher Planung und marktwirtschaftlicher Eigenverantwortung. [...] Es wird nichts anderes übrigbleiben als den Gewinn als Kontrollziffer für den Erfolg der betrieblichen Arbeit zu übernehmen – ohne ihm allerdings die alleinige Dominanz zuzuschreiben.« (124)

Wohl eher unfreiwillig stellt Jörg Roesler die Verwandtschaft des NÖS mit der Sozialdemokratie heraus, wenn er die »offensichtliche Ähnlichkeit der Reformpläne der Regierung Modrow mit dem NÖS-Konzept« [Roe19, 111] lobt. »Übersehen« hat er dabei, dass inzwischen eine Konterrevolution stattgefunden hatte; die Weichen für eine »soziale Marktwirtschaft« waren bereits gestellt.

Schützenhilfe gibt es aber auch von außen. Im Bedauern darüber, dass die ökonomischen Reformen in der DDR und anderen sozialistischen Ländern nicht fortgeführt wurden, möchte Vladimiro Giacché Lenin gerade wegen dessen »Staatskapitalismus«[29] der NÖP nicht »ins Exil der Utopie [...] verbannen« und statt dessen alle Vorstellungen, die über eine »neuartige Kombination von Planwirtschaft und Marktwirtschaft« hinausgehen, in das Reich »einer metaphysischen Fantasiewelt« verweisen [Gia18, 136-143]. Den Protagonisten des Prager Frühlings, Ota Šik, der über seine tatsächlichen Absichten später keinen Hehl gemacht hat,[30] zum Kronzeugen seiner Interpretation des Leninschen ökonomischen Denkens zu machen, scheint ihm kein Kopfzerbrechen zu machen.

Keine Regel ohne Ausnahme. Eine solche war Ulrich Huar. Huar, ein vehementer Verfechter des NÖS, kommt am Ende seines Aufsatzes »Wertgesetz und Sozialismus« zu der bemerkenswerten Einsicht: »Solange Warenproduktion, auch unter sozialistischen Produktionsverhältnissen, existiert, das Wertgesetz und dessen Kategorien wirken, besteht die Gefahr der Restauration des Kapitalismus. Darin besteht ein objektiver Widerspruch des Sozialismus als Übergangsphase vom Kapitalismus zum Kommunismus. Ware-Geld-Beziehungen, auch unter sozialistischen Produktionsverhältnissen, stellen einer der objektiven Grundlagen für revisionistische Abweichungen dar« [Hua98, 3/39-40]. Und er stellt fest, dass bei allen Reformversuchen in Polen, Ungarn, der ČSSR und der DDR (sic!) tatsächlich konterrevolutionäre Kräfte mitmischten, um die Restauration des Kapitalismus zu befördern.[31]

29 Es geht hier nicht um den gewöhnlichen Staatskapitalismus, sondern um Kapitalismus unter dem proletarischen Staat. »Staatskapitalismus — das ist nach der gesamten ökonomischen Literatur jener Kapitalismus, der im kapitalistischen System vorkommt, wenn sich die Staatsmacht diese oder jene kapitalistischen Betriebe direkt unterordnet. [LW33, 264] [...] Wir wollen nicht begreifen, daß, wenn wir »Staat« sagen, dieser Staat wir sind, das Proletariat, die Vorhut der Arbeiterklasse. Staatskapitalismus — das ist jener Kapitalismus, den wir einzuschränken, dessen Grenzen wir festzulegen wissen« (265).

30 In einem Interview in »Die Welt« vom 5.11.1990 mit der Überschrift »Wer will denn heute den Mischmasch aus Plan und Markt?« erklärte er: »Wir, der Kern der ökonomischen Reformer, versuchten in Prag damals eben nicht, den Kommunismus zu reformieren. Unser eigentliches Ziel war, ihn abzuschaffen und ein neues System aufzubauen. Man hat zwar immer von der Reform hin zu einer sozialistischen Demokratie oder sozialistischen Marktwirtschaft sprechen müssen, weil man sonst überhaupt nicht an die Öffentlichkeit gelangt wäre. [...] Wir konnten nicht öffentlich von der Notwendigkeit großer privater Unternehmungen sprechen. Auch während des Prager Frühlings ließ die damalige politische Führung das nicht zu.«

31 Deutlicher wurde Fidel Castro: »Ich hatte keinen Zweifel daran, dass sich das tschechoslowakische Regime gefährlich zu einer wesentlichen Änderung des Systems entwickelt.

Dennoch sieht er nicht das Konzept der sozialistischen Warenproduktion als Ursache für die Niederlage an, sondern das Versagen der Parteiführungen. Doch wenn z. B. das Buch von Ota Šik, *Ökonomie – Interessen – Politik* [Sik66], versehen mit einem Vorwort von Otto Reinhold und nach Huars Einschätzung »sicherlich nicht ohne Zustimmung von Walter Ulbricht« für kurze Zeit obligatorisches Lehrbuch an der Hochschule für Ökonomie war [Hua98, 2/23], wird es schwer sein, subjektives Versagen geltend zu machen, ohne die inhaltliche Nähe der Prager und Berliner Reformkonzeptionen in Betracht zu ziehen.

Bei der Frage Markt oder Plan geht es um weit mehr als um Ökonomie. Markt und Plan setzen ganz unterschiedliche gesellschaftliche Entwicklungslogiken in Gang. Für Menschen in Marktbeziehungen stellt sich die Verbindung zu anderen Individuen über den individuellen Nutzen im Tausch her und der Blick reicht allenfalls noch bis zum Nachbarn. In dem Maße, wie sich solche Beziehungen in die Gesellschaft einfressen, nähern wir uns einem Zustand, den Margaret Thatcher für erstrebenswert hält: »there's no such thing as society. There are individual men and women and there are families. And no government can do anything except through people, and people must look after themselves first. It is our duty to look after ourselves and then, also, to look after our neighbours.«[32] Diese Logik existiert schon, bevor der individuelle Nutzen sich in Profit und Ausbeutung ausdrückt, geschweige denn die desaströsen Formen von heute annimmt und »die Springquellen alles Reichtums untergräbt: die Erde und den Arbeiter« [MEW23, 530]. Die bösen bürgerlichen Sprichwörter wie »Jeder ist sich selbst der Nächste« oder »Jeder ist seines Glückes Schmied« waren geläufig, lange bevor die intimsten

---

Kurz gesagt, das tschechoslowakische Regime bewegte sich in Richtung Kapitalismus und marschierte unaufhaltsam in Richtung Imperialismus. Darüber hatten wir nicht den geringsten Zweifel« [Cas68]. Noch hellsichtiger zeigte sich allerdings Sweezy in der Analyse der sowjetischen Intervention. Er wies auf die Ähnlichkeit der Reformen in mehr oder weniger allen osteuropäischen sozialistischen Ländern hin und sah nur zwei Antworten darauf. Kulturrevolution wie in China oder »verstärkt auf Marktdisziplin und Profitreize zu setzen, […] nicht, weil die Bürokraten irgendwelche Sympathie für kapitalistische Methoden hatten, sondern sie auf keine andere Weise ihre Macht und Privilegien erhalten konnten« [Swe72, 13]. Genauso ist es in den meisten dieser Länder gekommen.

32 So etwas wie Gesellschaft gibt es nicht. Es gibt einzelne Männer und Frauen und es gibt Familien. Und keine Regierung kann etwas anderes als durch Menschen tun, und die Menschen müssen zuerst für sich selbst sorgen. Es ist unsere Pflicht, auf uns selbst und dann auch auf unsere Nachbarn aufzupassen.

Beziehungen in Eheverträge gegossen und Solidarsysteme wie Kranken- oder Rentenversicherung der »privaten Verantwortung« übergeben wurden.

Die Größe der Aufgabe, vor der wir stehen, wenn wir die Marktlogik überwinden wollen, wird deutlicher, wenn wir uns »The Great Transformation« (Karl Polanyi) in der Menschheitsgeschichte vor Augen halten, die beschreibt, wie es zu der – zunächst in Europa – »die Menschen zu formlosen Massen« [Pol14, 59] zermalmenden »Teufelsmühle« der selbstregulierenden Marktwirtschaft kommen konnte. Darunter versteht Polanyi ein System, in dem »alle Transaktionen [...] in Geldtransaktionen verwandelt werden, in dem jegliches Einkommen in irgendeiner Weise vom Verkauf herrühren und »das nach seiner Einführung sich selbst überlassen und ohne Einmischung von außen funktionieren« (70) muss.

Die Einzigartigkeit der Marktwirtschaft besteht darin, dass der für alle vorhergegangenen gesellschaftlichen Formationen geltende Tatbestand, dass »die wirtschaftliche Tätigkeit des Menschen in der Regel in seine Sozialbeziehungen eingebettet ist« (75), in sein Gegenteil verkehrt wird: »die sozialen Beziehungen sind in das Wirtschaftssystem eingebettet« (89). Was ansteht, ist nicht weniger als die große Transformation in die Gegenrichtung auf dem Stand der heutigen Produktivkraftentwicklung zu vollziehen. Um diese Frage soll es im zweiten Teil gehen – mit einer großen Einschränkung.

Es könnte bis jetzt der Eindruck entstanden sein, dass ich in der Ökonomie oder, zugespitzt, in der Missachtung der schädlichen Wirkung des Marktes die Ursache für den Untergang des staatlich gewordenen Sozialismus in Europa sehe. Das wäre sehr einseitig. Wie inzwischen in zahlreichen Veröffentlichungen belegt, war die DDR, wie auch andere sozialistische Länder, ökonomisch keineswegs am Ende: [Ble14]; [Roe16]; [Hes09].

Der niederländische Wirtschaftshistoriker Jaap Sleifers kam in seiner viel beachteten Dissertation *Planning ahead and falling behind*, in der West- und Ostdeutschland einem ökonomischen Vergleich unterzogen wurden, zum Ergebnis, dass für Ostdeutschland die Zeit von 1950 bis 1989 im Vergleich mit der Periode davor (1936-1950) und danach insofern die relativ beste Zeit war, als in ihr mit dem Westen einigermaßen mitgehalten werden konnte: Bei zurückbleibender Arbeitsproduktivität, aber dank eines höheren Arbeitseinsatzes konnte das BIP pro Kopf auf einem Niveau von ungefähr 56 % des Westens gehalten werden, während die Zeit vorher und nachher von relativ starkem Abfall gegenüber Westdeutschland gekennzeichnet war [Sle07].

Was zusammengebrochen ist, sind die politischen Strukturen und ihr Kern, die laut Verfassung führende Kraft SED. Ihr kamen die Kommunisten abhanden. Am Ende zeigte sich, dass 95 % ihrer Mitglieder Karrieristen, Wendehälse oder sonstige Arschlöcher waren.[33]

Jedes kommunistische Gemeinwesen ist mit der Notwendigkeit einer zentralen Aneignung des Mehrprodukts konfrontiert, kodiert durch den Plan, der auf der Totalität der Gesellschaft operiert. Während von einer kapitalistischen Marktwirtschaft beglückte Individuen, vom Malocher bis zum Vorstandvorsitzenden, die hilflos den Marktgesetzen ausgeliefert sind, dem Funktionieren dieser Ordnung keinen Abbruch tun, wird in einem kommunistischen Gemeinwesen das Bewusstsein, herausgebildet in der gesellschaftlichen Debatte der wissenschaftlichen und künstlerischen Aneignung der Wirklichkeit, zu einem entscheidenden Faktor. Kapitalismus kann ohne »kapitalistisches Bewusstsein« funktionieren, Kommunismus ohne kommunistisches Bewusstsein nicht.

Bei aller Kritik an der ökonomischen Konzeption sollen in keiner Weise die großen Leistungen in Abrede gestellt werden: Innovationen auf der Grundlage von Erschließung wissenschaftlich-technischer Potenzen ohne Ansehen der Parteizugehörigkeit, die mit der Brechung des Bildungsprivilegs verbundene Bildungsreform; vor allem aber gelang es, einen staatsbürgerlichen Humanismus zu etablieren, der sich im Zusammenhang mit sichtbaren Veränderungen als sozialistisches Bewusstsein zeigte [Kan19].

In der zweiten Hälfte der 1960er Jahr bis in die 1970er Jahre hinein konnten die höchsten Zustimmungsraten zu den gesellschaftlichen Verhältnissen erreicht werden [Nie95, 87f.]. Doch eine wirkliche gesellschaftliche Debatte fand nicht statt, sie beschränkte sich auf Zeitschriften oder andere abgeschlossene Räume. Vielleicht war die Festschreibung der führenden Rolle der SED in der Verfassung von 1968 der sichtbare Anfang vom Ende,[34] denn eine

33 Mai 1989 2,26 Millionen, 1992 (PDS) ungefähr 100.000 Mitglieder. In anderen kommunistischen Parteien auf deutschem Boden sind kaum SED-Mitglieder angekommen.

34 Solche Festschreibungen wurden in fast allen europäischen sozialistischen Ländern in dieser Zeit vorgenommen. In der Verfassung der UdSSR von 1936 heißt es zunächst: »die aktivsten und bewusstesten Bürger aus den Reihen der Arbeiterklasse (1953 ergänzt um Bauern und Intelligenz), vereinigen sich freiwillig in der KPdSU, die der Vortrupp der Werktätigen in ihrem Kampf für den Aufbau der kommunistischen Gesellschaft ist und den leitenden Kern aller Organisationen der Werktätigen [...] bildet«, bevor in der Verfassung von 1977 der gesamtgesellschaftliche Anspruch dekretiert wird: »Die führende und

solche Festschreibung (ver-)führt dazu, den Führungsanspruch der Partei formal aus ihrem verfassungsrechtlichen Status abzuleiten (was seine administrative Handhabung einschließt), statt in ihren tagtäglichen Handlungen zu zeigen, dass sie die führende Kraft tatsächlich ist.

Nun, da wir inzwischen die Erfahrung gemacht haben, dass sich dieser Zwitterzustand zwischen Plan und Markt nicht nur nicht auf seiner eigenen Grundlage weiterentwickelt hat, sondern zurückgefallen ist in den Kapitalismus, ist es erstaunlich, dass die These von der Eigenständigkeit des Sozialismus auch heute noch vehement verteidigt wird. Die vermeintlich sichere Erkenntnis »In dieser Etappe [Sieg des Sozialismus in einer Gruppe von Ländern, HD] siegte der Sozialismus in der UdSSR nicht nur vollständig, sondern endgültig, und das sowjetische Volk hat begonnen, den Kommunismus aufzubauen« [Aut72b, 104], bedenkt nicht, dass Kapitalismus und Sozialismus noch auf der gleichen materiellen Produktionsweise beruhen.[35] Ein Rückfall von Sozialismus bzw. Kapitalismus in den Feudalismus wäre hingegen unmöglich, weil sie sich hinsichtlich der technologischen Grundlage unterscheiden. »Die Handmühle ergibt eine Gesellschaft mit Feudalherren, die Dampfmühle eine Gesellschaft mit industriellen Kapitalisten« [MEW4, 130]. So illustrierte Marx den Zusammenhang zwischen Gesellschaftsformation und Technologie. Die kapitalistische Produktionsweise ist die maschinelle Produktion. Erst wenn sich nach Handmühle und Dampfmühle das paradigmatische Werkzeug der kommunistischen Produktionsweise, d.h. auf neuer technologischer Grundlage etabliert haben wird, könnten wir von einer eigenständigen Entwicklungsgrundlage sprechen. Vielleicht hatte Lenin mit der Formel *Kommunismus = Sowjetmacht plus Elektrifizierung des ganzes*

---

lenkende Kraft der sowjetischen Gesellschaft, der Kern ihres politischen Systems, der staatlichen und gesellschaftlichen Organisationen ist die KPdSU.«

35 Mao Zedong wandte sich schon 1957 gegen diese Auffassung, die Chruschtschow auf dem XX. Parteitag der KPdSU verkündete. »Der Klassenkampf ist noch nicht zu Ende. Der Klassenkampf zwischen dem Proletariat und der Bourgeoisie, der Klassenkampf zwischen den verschiedenen politischen Kräften und der Klassenkampf zwischen dem Proletariat und der Bourgeoisie auf ideologischem Gebiet wird noch lange andauern und verwickelt sein und zuweilen sogar sehr scharf werden. Das Proletariat trachtet danach, die Welt nach seiner Weltanschauung umzugestalten, und die Bourgeoisie tut das gleiche. In dieser Hinsicht ist die Frage ›wer wen?‹ im Kampf zwischen Sozialismus und Kapitalismus immer noch nicht endgültig entschieden« (Über die richtige Behandlung der Widersprüche im Volk), [Mao68, 127].

Landes eine Ahnung davon, dass die Technologie des Kommunismus so etwas wie ein elektrisches Netzwerk sein wird. Dann wäre der Computer ein solcher Kandidat (s. auch Kapitel 2) und wir könnten mit dem Bonmot des Genossen Göhring sagen: Kommunismus = Sowjetmacht plus Internet.

Intermezzo: China

Der rasante Aufstieg der Volksrepublik China unter der Herrschaft einer kommunistischen Partei zur demnächst größten Volkswirtschaft und zu einer Macht, die dem US-Imperialismus Schranken setzen kann, erfüllt den größten Teil der fortschrittlichen Menschheit mit Genugtuung. Über den Charakter seiner sozialökonomischen Formation und der Einschätzung seiner Perspektiven wurde und wird heftig gestritten.

Hier soll es nur um die Frage gehen, ob der chinesische Weg etwas mit der sozialistischen Zukunft in unserem Land zu tun hat. Etliche Autoren sehen eine Parallele zu Lenins Neuer Ökonomischen Politik oder eine Fortsetzung des NÖS der DDR. Doch nur wenige sprechen explizit eine Empfehlung für China als Vorbild unseres eigenen Weges zum Kommunismus aus wie Vladimiro Giacché. »Tatsächlich scheiterten die Versuche der ›Kompromisse zwischen zentralisierter Planung und Markt‹ nicht aus ökonomischen Gründen: Sie wurden in der Folge einfach nicht umgesetzt, sondern bereits in den 1970er Jahren vor allem aus politischen Gründen aufgegeben oder abgelehnt (z. B. ging in der DDR die theoretische Bedeutung der Ware-Geld-Beziehung im Sozialismus nicht einmal mit einer teilweisen Preisbestimmung über den Markt einher).[36] Dies verschärfte die wirtschaftlichen Probleme des sozialistischen Lagers und trug zu seiner Systemkrise in der UdSSR und in Europa bei. In China hingegen, wo die Kommunistische Partei in der Lage war, Marktelemente als Teil einer Gesamtstrategie einzuführen, waren Wachstumsraten, Entwicklung der Produktivkräfte und Armutsbekämpfung das Ergebnis, die keine historischen Vergleiche scheuen müssen« [Gia20, 58].

Was die Parallele zu Lenins NÖP betrifft, geht aus der Darlegung in 1.3.1 hervor, dass ihr sozialökonomischer Inhalt dem der vermeintlichen »NÖP«

36 Wie sollte das auch gehen, wenn der Markt nur in der Einbildung existierte? (vgl. 1.2.3) und das NÖS-Experiment wurde schließlich eingestellt.

Chinas geradezu entgegengesetzt ist. Der Staatskapitalismus im Sinne von Lenin (und Mao) sollte erst die Voraussetzungen schaffen für den Aufstieg eines Agrarlandes zu einem modernen Industrieland, der dann mit den ersten Fünfjahrplänen begann. Chinas »NÖP« hingegen scheint als integraler Bestandteil eines »Sozialismus chinesischer Prägung« aufgefasst zu werden.

Der Aufbau der Industrie in der Sowjetunion brachte ähnlich hohe Wachstumsraten wie das heutige China hervor, Stalin hatte die Perspektive des Verschwindens der Warenproduktion nach der Verschmelzung von Staats- und Kollektiveigentum (1.3.2) im Auge. Man sollte sich vor Augen führen, was es bedeutet, heute in die entgegengesetzte Richtung zu gehen und für unser Land den chinesischen Weg zum Sozialismus zu empfehlen: in einem hoch entwickelten kapitalistischen Land politökonomische Maßnahmen aus einem Land zu übernehmen, das sich nach Aussage ihrer Repräsentanten auf einer Entwicklungsstufe befindet, die sie als Anfangsphase des Sozialismus bezeichnen, und die dem Aufbau der durchgehenden Industrialisierung mit entsprechender Infrastruktur dient. Die damit verbundenen hohen Wachstumsraten und das damit verbundene Herausführen von Millionen aus Armut und Not sind Fakten. Sie sind aber nicht ungewöhnlich in diesem Entwicklungsstadium. Wir haben sie nicht nur in der Sowjetunion beobachten können. Japans Zuwachsraten der Nachkriegszeit (mit der Lenkung durch das staatliche MITI-Institut) lagen häufig über 10 Prozent. Auch das »Wirtschaftswunder« in der BRD zeigte Wachstumsraten bis zu 10,5 Prozent, bevor es ab den 1960er Jahren abflachte und heute vor sich hindümpelt. Dies scheint eine gesetzmäßige Entwicklung von einer Ökonomie im Aufbau oder Wiederaufbau bis zum Erreichen eines reifen Stadiums zu sein, die auch um China keinen Bogen machen wird.

Ein ähnliches Schicksal ist auch den Profitraten beschieden. Ihre Entwicklung lässt sich heute ziemlich präzise prognostizieren. Sie hängen wesentlich ab vom Wachstum der Arbeiterpopulation und der Arbeitsproduktivität als befördernde Elemente und der Akkumulationsrate als entgegen gerichtete Wirkung (ausführlich in [CCM09, 300ff.] und [Zac10]). Nun beobachten wir in den entwickelten Ländern einen Rückgang der Population, sie wird in den reifen kapitalistischen Ländern nur noch dank Immigration etwas oberhalb des einfachen Reproduktionsniveaus gehalten. Ähnlich entwickelt sich die Arbeitsproduktivität, seit Dekaden nimmt ihre Rate trotz aller Verheißungen des Computerzeitalters nahezu kontinuierlich ab.[37] Interessanterweise durchläuft China mit 25-jähriger Verschiebung fast genau den gleichen Produktivitätszyklus wie Japan [Zac10]. Hochgehalten werden könnte die Profitrate durch Senkung der Akkumulationsrate. Das tut das Kapital auch, wegen der geringen industriellen Profitraten und investiert lieber in die »Finanzindustrie«, so dass sich uns heute der Kapitalismus als parasitärer, faulender Rentierkapitalismus präsentiert.

Angesichts dieser Perspektive der kapitalistischen Produktionsweise stellt sich die Frage nach der Nachhaltigkeit des chinesischen Modells. Lassen wir hierzu Dongli Zhu (Chinesische Akademie der Sozialwissenschaften) zu Wort kommen [Zhu11]. Für ihn ist die Nachhaltigkeit nicht gegeben. Er nennt drei Modelle der Modernisierung: die westliche Modernisierung, die nicht replizierbar ist, weil sie auf Eroberungen und Ausplünderungen äußerer Ressourcen beruht; die vom Westen abhängige Lohnarbeitsmodernisierung der asiatischen »Tigerstaaten«, die sich von der Produktion im einfachen und mittleren Segment für den westlichen Markt langsam hochgearbeitet hat in der industriellen Kette, aber nicht universell anwendbar ist (siehe Indien und Pakistan); die autonome Modernisierung, für die die Sowjetunion, China (bis 1980) und die anderen sozialistischen Länder stehen, und die als einzige eine nachhaltige Perspektive haben.

Das chinesische Modell seit 1978 kombiniert den Weg der asiatischen Tiger (»China produziert, was die USA konsumieren«) mit einer konzentrierten Staatsmacht, einer Dominanz der staatlichen Industrie und traditioneller chinesischer politischer Ethik. Chinas Weg sei nicht nachhaltig,

- weil der internationale Markt begrenzt ist, so dass das Wachstum des Exports nicht lange fortgesetzt werden kann – wobei durch die schiere Größe des Landes die Stabilität in entwickelten Ländern untergraben wird, mit Folgen für die globale Wirtschaft.[38]

---

37 Penn World Tables. https://www.researchgate.net/figure/Annual-labour-productivity-growth-1950-2015-Source-Penn-World-Tables_fig4_327522224/download

38 Zhu argumentiert, die durch Chinas Marktkapazität hervorgerufene Unterhöhlung der Industrien im niedrigen und mittleren Segment der entwickelten Länder führe in diesen zu Arbeitslosigkeit, was Konsum auf Kredit und Staatsausgaben ansteigen lässt – langfristig eine Gefahr für die Finanz- und Banksysteme der betroffenen Länder. So betrachtet er die Wirtschafts- und Finanzkrise von 2008 als Ergebnis langfristiger Handelsinteraktionen zwischen China einerseits und USA und Europa andererseits.

- wegen der Folgen im eigenen Land: Nach der Logik des Kapitals wächst eine riesige Arbeiterklasse heran, deren Einkommensanteil geringer wird und die mangels einer eigenen Organisation dem Kapital wenig entgegen setzen kann, während die urbanen Mittelklassen der ihr gemäßen Ideologie, dem politischen Liberalismus, folgen und auf dieser Basis ihre gesellschaftspolitischen Rechte einfordern werden.

Zhu argumentiert: Der Westen kann seine Stabilität, die auf der Ausschöpfung externer Quellen beruht, nun immer weniger erhalten und bezahlt es mit Desintegration seiner Institutionen und Kultur, einschließlich dem Verlust einer effektiven Daseinsvorsorge und einer funktionierenden Zivilgesellschaft. Das heiße aber nicht, dass China nun den Platz des Westens einnimmt.[39] Allein der der riesigen Population und Ökonomie Chinas geschuldete Verbrauch an Energie und Ressourcen erzwingen eine komplette Neueinstellung. »Die Menschheit wird zu dem zurückkehren, was der Club of Rome einen ›Steady State‹ nennt, in dem Bevölkerung und Kapital ein Gleichgewicht erreichen, in dem die Geburtenrate gleich der Sterberate und die Investitionsrate gleich der Abschreibungsrate ist, ähnlich wie bei der einfachen Reproduktion, die so lange vorherrschend war« [Zhu11, 114]. Dies sei nur durch eine sozialistische Planwirtschaft, die sich am Gebrauchswert und nicht am Profit orientiert, zu erreichen.[40]

---

39 Ein berühmter Aphorismus des späten Mao lautet: »Grabe tiefe Tunnel, speichere überall Korn, strebe niemals nach Hegemonie«. Zhu merkt an, dass, in tiefem Widerspruch dazu, in China über längere Zeit tatsächlich über ein Transfer der Welthegemonie mit einem neuen »Weltführer« diskutiert wurde.

40 Über die zukünftige Rolle der Planwirtschaft wird durchaus diskutiert – auf der Grundlage des Marktes. Jack Ma (Alibaba) erregte 1916 ein gewisses Aufsehen, als er davon sprach, dass mit Big Data die Planung und Vorhersage von Marktkräften, letztlich in eine geplante Wirtschaft einmünden könnte [Financial Times vom 4. September 2017]. Seine Vorstellungen haben wenig mit einer Planwirtschaft in sowjetischer Tradition zu tun, sondern erinnern mit dem Finden der »unsichtbaren Hand« des Marktes eher an Oskar Langes Planung eines idealen Marktes. Während solche Vorstellungen bei prominenten Ökonomieprofessoren wie Zhang Weiying und Wu Jinglian auf schroffe Ablehnung stießen (Global Times am 14.6.2017), zeigten sich andere Autoren offener. Binbin Wang und Xiaoyan Li nehmen auch westliche Entwürfe einer demokratischen partizipativen Planwirtschaft wie von Pat Devine, Michael Albert und Cockshott & Cottrell zur Kenntnis – und kritisieren sie mit bekannten Argumenten vornehmlich des neoliberalen Erzvaters Hayek [Wan17]. Es kann gut sein, dass ihre oder ähnliche Überlegungen zu einem »plan-orientierten marktwirtschaftlichen System auf der Basis von Big Data und Plattform-Ökonomie« in der weiteren Entwicklung Chinas noch eine Rolle spielen werden.

So ist es. Bewegt sich der Bevölkerungszuwachs gegen Null, würden auch die Profitraten nur noch dazu reichen, die Abschreibungen auszugleichen, um auf einfacher Reproduktion zu verharren Das Agens des Kapitalismus wäre erschöpft – wenn nicht vorher schon »die Springquellen alles Reichtums« untergraben sind.

Vorschläge, die darauf hinauslaufen, das NÖS konsequent fortzuführen zu einem Marktsozialismus, waren gestern schon – wie gezeigt – verderblich und wären heute aus der Zeit gefallen.

Wissenschaft und Technik sind heute so weit entwickelt, dass von dieser Seite her schon heute eine Planwirtschaft auf der Basis der Arbeitszeitrechnung in Gang gesetzt werden könnte (siehe 2.3). Die Fixierung auf eine erfolgreiche Volkswirtschaft in einem anderen industriellen Entwicklungsstadium als dem unsrigen versperrt den Blick auf eine realistische Perspektive der Verwirklichung des Kommunismus.

2
Neue Wege

Die Oktoberrevolution ist und bleibt das epochale Ereignis. Während es an vielen Ecken der Welt brodelte, sich Widerstand, Unruhen und Erhebungen gegen Kapitalherrschaft zeigten, gelang es nur in Russland einer bis dahin kleinen (noch in der Februarrevolution 1917 spielten die Bolschewiki eine unbedeutende Rolle), kampfstarken Partei, eine günstige Kräftekonstellation ausnutzend und mit den richtigen Losungen zur richtigen Zeit, die alte Staatsmacht zu stürzen.

Doch wie die neue Gesellschaft gestalten? Völlig neue Probleme waren zu lösen. Außer den Schriften von Marx und Engels, die zudem nicht viel über die künftige Produktionsweise geschrieben haben, oder programmatischen Äußerungen wie dem Erfurter Programm der deutschen Sozialdemokraten von 1891 hatten die Bolschewiki nicht viel in der Hand. Und die 72 Tage des ersten Anlaufs zu neuen Ufern, die Pariser Commune, waren zu kurz für den Gewinn von Erkenntnissen, die über die von Marx (in *Der Bürgerkrieg in Frankreich*) genannten hinausgingen.

Umso bewundernswerter, wie die Bolschewiki ihre Ziele, zunächst niedergelegt im Parteiprogramm von 1919, erläutert im *ABC des Kommunismus*, die ersten Schritte konkretisiert im GOELRO-Plan, allen Herausforderungen zum Trotz hartnäckig verteidigen und weiterverfolgen konnten. Dem Bürgerkrieg mit der einhergehenden Zerrüttung des Landes folgte der Zwang zur schnellen Industrialisierung, um der durch die Faschisten drohenden Kolonisierung zu entgehen, schließlich der Große Vaterländische Krieg.

Trotz des unschätzbar großen Erfolgs, kurzfristig eine Industrie aufgebaut zu haben, die dem faschistischen Angriff standgehalten hat, ließ sich auch der zweite Anlauf nicht durchhalten. Sollte dieses Buch deshalb endgültig geschlossen werden?

Wir werfen zunächst einen Blick auf einige Probleme und Errungenschaften der Planung in der Sowjetunion hinsichtlich der Perspektive einer künftigen kommunistischen Produktionsweise.

2.1 Probleme und Errungenschaften in der Planung der Sowjetunion

2.1.1 Ungeliebte Mathematisierung

Auch der Kommunismus wird eine Ökonomie der Zeit sein, zu deren Grundbedingung gehört, dass Produkte gesellschaftlicher Arbeit hinsichtlich der in ihnen verausgabten Arbeitszeit zueinander ins Verhältnis gesetzt werden. In der kapitalistischen Produktionsweise wird dies, durch Geld vermittelt, im freien Austausch auf dem Markt realisiert. In einer Planwirtschaft kommt man nur zu einer rationalen Bewertung der Produkte, indem man die in den Produkten steckende Arbeitszeit direkt bestimmt. Es geht dabei um die von ihrem konkreten Inhalt absehende gesellschaftlich notwendige und nützliche abstrakte Arbeit. Gesellschaftlich notwendig heißt: auf dem im Durchschnitt erreichten technischen Niveau unter Wahrung der Gebrauchswerteigenschaft der Produkte. Die Produktion von Dingen, die nicht gebraucht werden, bedeutet vergeudete Arbeitszeit.[41]

In der Sowjetunion war das Weiterwirken des Gesetzes vom proportionalen Arbeitsaufwand[42], das in der kapitalistischen Produktionsweise die Form des Wertgesetzes annimmt, im Prinzip unstrittig. Auch Bucharin, der in seinem Buch *Die Ökonomik der Transformationsperiode* die Notwendigkeit einer politischen Ökonomie überhaupt bestritten hatte,[43] wurde eines Besseren belehrt. [Pre71, 25-26 bzw. Fußnote 122-123]; [Bou26, Chapter II]. Doch für die praktische Umsetzung der Theorie fehlte es an Technik, Daten und mathematischen Verfahren. Die volkswirtschaftliche Planung der Industrialisierung des Landes wurde mit den vier Grundrechenarten bewältigt,

41 »Solange der Umfang des Warenbedarfs unbekannt ist, bleibt auch der gesellschaftlich notwendige Aufwand unbekannt« [Now65, 1034].

42 Verteilung der Produkte gemäß der in ihnen enthaltenen Arbeitszeit.

43 [Buc90, 17], was Lenin zu seiner bekannten Randbemerkung veranlasste: »falsch. Sogar im reinen Kommunismus zumindest das Verhältnis I(v+m) zu II (c)? Und die Akkumulation?«

wie Nowoschilow gesagt haben soll [Hag12]. Mathematisch-ökonomische Modelle standen lange Zeit nicht hoch im Kurs.

Es gehört zu den Tragödien der Geschichte der Sowjetunion, dass bahnbrechende Erkenntnisse nicht beachtet wurden.

Für das Wirtschaftsjahr 1923/24 wurde eine gesamtnationale Bilanz aufgestellt, die nahe an das herankam, was eine Input-Output-Tafel ist. So etwas hatte es bis dahin nicht gegeben. Für Stalin war das allerdings nur »ein Spiel mit Zahlen«.[44] Mit dabei war der noch nicht zwanzigjährige Wassily Leontief. Er (oder seine Familie mit ihm) ging zunächst nach Deutschland, dann in die USA und erhielt später den Nobelpreis für eben diese Input-Output-Rechnung (siehe 2.3.3). Die Tatsache, dass dieses Werkzeug zwar in der Sowjetunion seine Ursprünge hatte, aber dann im Westen entwickelt wurde, war sicherlich der Hauptgrund dafür, dass ihm mit Misstrauen begegnet wurde. Es wurde erst spät (1960) und zögerlich genutzt.

1928 schlug Grigori Feldman ein Wachstumsmodell für eine sozialistische Ökonomie vor, das überraschende Konsequenzen hatte. Unter bestimmten Voraussetzungen (wie unbegrenzter Arbeitskräftezufluss, Proportionalität von Output und Kapitalstock und die Unabhängigkeit der Produktion in Abt. I von der Abt. II) ermöglichen hohe Investitionsraten in die Schwerindustrie (Abt. I) auch ein hohes Wachstum der Konsumtion (Abt. II) [Feldman64]. Feldmans Vorschläge blieben zwar unbeachtet und er wurde 1931 von der staatlichen Planbehörde GOSPLAN entlassen. Doch die Ironie der Geschichte wollte es, dass das tatsächliche Vorgehen bei der Industrialisierung des Landes nicht so weit von den Vorschlägen Feldmans entfernt war[45] (siehe Anhang 2).

2.1.2 Lineare Optimierung

1938 bekam der Mathematiker Leonid Kantorowitsch einen folgenreichen Auftrag. Das zentrale Laboratorium des Trustes (Vereinigung staatlicher Be-

44 »Man muß auch die Frage der Popularisierung der marxistischen Theorie der Reproduktion stellen. Man muß die Frage des Schemas für die Bilanz unserer Volkswirtschaft ausarbeiten. Das, was die Statistische Zentralverwaltung im Jahre 1926 als volkswirtschaftliche Bilanz veröffentlicht hat, ist keine Bilanz, sondern ein Spiel mit Zahlen.« In: Zu Fragen der Agrarpolitik in der UdSSR [Sta51, 151].

45 25 Jahre später kam der indische Statistiker Prasanta Chandra Mahalanobis, der die Arbeiten Feldmans wahrscheinlich nicht kannte, zu gleichen Ergebnissen. Sein Modell bildete die Rahmenbedingungen für den 2. Fünfjahrplan unter Nehru.

triebe einer Branche) für Furnierholz bei Leningrad präsentierte ihm folgendes Problem [Kan60]:

Es stehen 8 Typen von Schälmaschinen zur Verfügung, die 5 Holzsorten mit unterschiedlicher Produktivität bearbeiten können:

Die Maschinen sollen so eingesetzt werden, dass der maximale Output erreicht wird unter der Bedingung, dass dabei die erste Holzart 10 %, die zweite 12 %, die dritte 28 %, die vierte 36 %, die fünfte 14 % ausmacht.

Probieren ist hier hoffnungslos; es gibt Milliarden Möglichkeiten. Mathematische Mittel zur Lösung des Problems standen damals noch nicht zur Verfügung.

Die Methode, mit der Kantorowitsch das Problem löste, begründete einen neuen Zweig der Mathematik: die Lineare Optimierung. Optimieren bedeutet, ein Maximum oder ein Minimum einer linearen Funktion zu finden (hier Tonnen an geschältem Holz), die einer Reihe von einschränkenden Bedingungen unterliegt (hier die Proportionen in den verschiedenen Holzsorten, die Beschränkung des Arbeitstages, und weitere). Kantorowitsch erkannte sofort die allgemeine Bedeutung dieser Methode. Eine Vielzahl von Fällen, die mit der besten Ausnutzung von Ressourcen zu tun hat, kann damit bearbeitet werden und natürlich auch die Optimierung von Plänen.

Betrachten wir ein sehr einfaches Beispiel.[46] Es sei ein Komplex von Fabriken unterschiedlichen Typs gegeben, die, in unterschiedlicher Produktivität, 2 Artikel herstellen.

Die Fabriken sind bereits hinsichtlich ihrer Produktivität geordnet. Die Produktivität der Fabriken ist so einzusetzen, dass insgesamt ein maximaler Output erzielt wird.

		Kapazität jeder Fabrik		*Relativer Arbeitsinhalt*	
Typ	Anzahl	Art.1	Art. 2	Art.1: Art.2	Art.2 : Art.1
1	40	200.000	2.500	8,0	0,125
2	5	100.000	15.000	6,7	0,150
3	9	200.000	50.000	4,0	0,250
4	2	600.000	250.000	2,4	0,410
5	3	400.000	200.000	2,0	0,500

46 Es handelt sich um das (vereinfachte) erste Beispiel in [Kan65].

Es liegt nahe, die Fabriktypen je nach Produktivitätsverhältnis zunächst entweder nur Artikel 1 oder nur Artikel 2 herstellen zu lassen. So sollte Fabriktyp 1 ausschließlich Art.1 und Fabriktyp 5 ausschließlich Art. 2 produzieren. Dann müsste geprüft werden, ob man mit den Fabriktypen 2 und 4 entsprechend verfahren kann. Irgendwann wird man in die Situation kommen, dass ein Fabriktyp zum Teil Art. 1 und zum Teil Art. 2 produzieren muss, damit die Gesamtbedingung erfüllt werden kann. Das ist in unserm Fall bei Fabriktyp 3 der Fall. Bei einem optimalen Plan müsste 1 der 9 Fabriken Art.1 und 8 Art. 2 herstellen. Dies lässt sich auch auffassen als Aufteilung der Arbeitszeit: Wenn $h_{3,1}$ die Arbeitszeit des Fabriktyps 3 für die Herstellung von Art. 1 und $h_{3,2}$ die Arbeitszeit des Fabriktyps 3 für die Herstellung von Art. 2 ist, gilt $h_{3,1}+h_{3,2}=1$ (Arbeitstag, Arbeitsjahr). Es ist die Anzahl der Artikel 1, die Fabriktyp 3 in der Arbeitszeit $h_{3,1}$ produziert (ausgedrückt durch $h_{3,1}\cdot 200000$), so zu bestimmen, dass die Anzahl der Artikel 1 genau so groß ist wie die der Artikel 2. In unserem Beispiel ist $h_{3,1}=1/9$ und $h_{3,2}=8/9$. Für alle anderen Fabriktypen gilt entweder $h_{i,k}=1$ (wenn sie ausschließlich Art. *k* herstellen) oder $h_{i,k}=0$ (wenn sie Art. *k* gar nicht herstellen).

Dieses Verfahren funktioniert allerdings nicht mehr, wenn die Anzahl der verschiedenen Artikel größer als 2 wird. Kantorowitsch zeigte, dass sich Probleme wie im obigen Beispiel auf andere Weise äquivalent darstellen lassen, mit dem Vorteil, auch auf komplexe Fälle wie dem Holzverarbeitungsproblem, zu dem er gerufen wurde, anwendbar zu sein. Mit Hilfe so genannter *lösender Multiplikatoren (razrešajuščix množitelej)*, die in einem Näherungsverfahren gefunden werden, lassen sich die gesuchten Arbeitszeiten $h_{i,k}$ bestimmen. Das Verfahren auf unser Beispiel angewendet, würde auf das Verhältnis $\lambda_2 / \lambda_1 = 4$ führen. Es ist gerade das Produktivitätsverhältnis in demjenigen Fabriktyp, nämlich Fabriktyp 3, dessen Produktion aufgeteilt wurde. Im [Anhang 3] ist die Rechnung durchgeführt. In seinem Buch [Kan65] nennt Kantorowitsch die lösenden Multiplikatoren *objektiv determinierte Bewertungen (Ob'ektivno obuslovlennye ocenki).*

Welche Bedeutung haben die objektiv determinierten Bewertungen (in unserem Beispiel 4:1)? Produktivitätsverhältnisse sagen etwas über den relativen Arbeitsaufwand pro Einheit aus. Für die Herstellung eines Art. 1 muss viermal so viel Arbeit verausgabt werden wie für die Herstellung eines Art. 2. Dieses Verhältnis, das den optimalen Plan liefert, ist das Verhältnis, das sich ergibt, wenn alle Fabriken des Komplexes zusammengefasst werden. Ginge es um die Fabriken des ganzen Landes, lieferte es den gesellschaftlich notwendigen (direkten) Arbeitsaufwand für die Produktion der beiden Artikel.[47]

Im Rückblick aus heutiger Zeit ist es bemerkenswert, dass hier physische Größen optimiert werden. In heutigen Lehrbüchern über Lineare Optimierung findet man praktisch nur Geldgrößen als Zielgrößen. Schon die Lösung der ersten Probleme, mit denen es Kantorowisch zu tun hatte, widerlegten die Behauptung der Österreichischen Schule (Mises, Hayek), wonach Wirtschaftsrechnung nur in Geldgrößen möglich sei.[48]

In seinem Buch *The Best Use of Economic Ressources* [Kan65] weitete er die Lineare Programmierung von der Ebene eines einzelnen Betriebes auf das

---

47 Heute werden Probleme der linearen Optimierung auf andere Weise (nach dem so genannten Simplex-Verfahren) gelöst. Es gibt fertige Tools dafür. So zum Beispiel lp_solve, das in jeder Linux-Distribution zur Verfügung steht.

48 Erstmals vorgetragen 1920 von Ludwig von Mises in seiner Schrift Wirtschaftsrechnung im sozialistischen Gemeinwesen. »Es ist eine Illusion, wenn man glaubt, man könnte die Geldrechnung in der sozialistischen Wirtschaft durch die Naturalrechnung ersetzen. Die Naturalrechnung kann in der verkehrslosen Wirtschaft immer nur die genußreifen Güter erfassen, sie versagt vollkommen bei allen Gütern höherer Ordnung. Sobald man die freie Geldpreisbildung der Güter höherer Ordnung [Produktionsmittel, HD] aufgibt, hat man rationelle Produktion, überhaupt unmöglich gemacht. jeder Schritt, der uns vom Sondereigentum an den Produktionsmitteln und vom Geldgebrauch wegführt, führt uns auch von der rationellen Wirtschaft weg« [Mis20, 99]. Wie sehr von Mises diese Arbeit nach dem Sieg der Bolschewiki im Bürgerkrieg als – wie sich herausstellen sollte, wirksamen – Beitrag im Klassenkampf in der Theorie verstand, geht aus seiner Einleitung hervor: »In einer Zeit, da wir uns dem Sozialismus immer mehr und mehr nähern, ja in gewissem Sinne schon in ihm mitten drin stehen, gewinnt die Untersuchung der Probleme der sozialistischen Wirtschaft auch Bedeutung für die Erklärung dessen, was um uns herum vorgeht. Für das Verständnis der volkswirtschaftlichen Erscheinungen des heutigen Deutschland und seiner östlichen Nachbarländer reicht das, was uns die Analyse der Verkehrswirtschaft an die Hand gibt, lange nicht mehr aus. Wir müssen hier schon in recht beträchtlichem Umfange Elemente des sozialistischen Gemeinwesens heranziehen. Versuche, sich über das Wesen der sozialistischen Wirtschaft Klarheit zu verschaffen, bedürfen unter solchen Umständen keiner besonderen Rechtfertigung« (86). Von Mises' Aufsatz zeigte Wirkung im westlichen Marxismus. Kautsky akzeptierte, dass Arbeitszeitrechnung nicht möglich sei und eine Geldwirtschaft unumgänglich sei: »Was selbst der ungeheuerste und vollkommenste statistische Apparat nicht zu leisten vermöchte, die Schätzung der Waren nach der in ihnen enthaltenen Arbeit, das finden wir in den überkommenen Preisen als Ergebnis eines langen historischen Prozesses gegeben vor, unvollkommen und ungenau, aber als einzig mögliche Grundlage für möglichst glattes und leichtes Weiterfunktionieren des ökonomischen Zirkulationsprozesses« [Kau22, 321]. Fortan wurde über eine ökonomische Konzeption des Sozialismus nur noch in Form eines wie auch immer gearteten »Marktsozialismus«, unter Rückgriff auf neoklassische Theorien (Walras, Pareto u. a.), nachgedacht.

Modell einer landesweiten Ökonomie für eine Planungsperiode aus. Und er zeigte, dass es in einer Planwirtschaft mittels eines Optimierungsmodells eine reale Möglichkeit gibt, ein effizienteres Preissystem als in jeder Marktwirtschaft zu erreichen.[49]

Im Unterschied zur Input-Output-Rechnung ist die Lineare Optimierung rechentechnisch ungünstig. Es war klar, dass schon aus diesem Grund an eine Optimierung einer detaillierten Planung auf nationaler Ebene, auf der eine riesige Datenmenge zu verarbeiten ist, nicht zu denken war.

2.1.3 Nowoschilow

Kantorowitschs Bemühungen in [Kan65], die bei der Lösung verwendeten »lösenden Multiplikatoren« (später: »objektiv determinierte Bewertungen«) mit der Arbeitswerttheorie in Verbindung zu bringen, waren nicht überzeugend. Nowoschilow ging etwas anders als Kantorowitsch an das Verhältnis von optimalen Preisen und Arbeitswerttheorie heran. Beide hatten sich mit Walras' System von Gleichgewichtsgleichungen beschäftigt. Kantorowitsch sah darin nur die Verbindung zur Marktwirtschaft [Piz09, 71] und hielt deshalb die Walrassche Theorie für Planwirtschaft nicht geeignet.

Nach der Marxschen Theorie gilt das Wertgesetz, wenn Angebot und Nachfrage im Gleichgewicht sind.[50] Im Walrasschen Modell eines allgemeinen Gleichgewichts [Wal74] wird demzufolge ein Zustand beschrieben, in dem die Waren sich zu ihren Werten bzw. nach Band III des *Kapital* zu ihren Produktionspreisen austauschen. Da in der kapitalistischen Produktionsweise ein solcher Gleichgewichtszustand niemals erreicht wird, ist er eigentlich gerade für die Marxsche Theorie das adäquate Modell, um optimale Preise für die Produkte zu finden. Der Ausgleich von Angebot und Nachfrage wird bei Walras abgeleitet vom maximalen Grenznutzen und durch Herantasten

49 Kantorowitsch: »Das optimale Modell zeigt, dass in einer Planwirtschaft eine reale Möglichkeit besteht, zu einem noch effizienteren Preissystem zu gelangen, als es das Marktsystem bietet. Dies gilt insbesondere im Hinblick auf die langfristigen wirtschaftlichen Entscheidungen. Die Erfahrung hat gezeigt, dass das kapitalistische System Nachteile hat, die zu Überproduktion und Defiziten führen« [Piz09, 70].

50 »Wenn Nachfrage und Zufuhr sich decken, hören sie auf zu wirken, und eben deswegen wird die Ware zu ihrem Marktwert verkauft« [MEW25, 199]. Wobei der Marktwert »als der individuelle Wert der Waren, die unter durchschnittlichen Bedingungen der Sphäre produziert werden«, zu betrachten ist [MEW25, 185-186].

(tâtonnement) an den Gleichgewichtspreis durch den imaginären »Auktionator« gefunden. Marginalismus (Grenznutzentheorie) wurde aber traditionell als unvereinbar mit der marxistischen Werttheorie angesehen. Nowoschilow sieht das nicht so [Nov70, 286f.] und verweist dabei auf den Gebrauch marginaler Größen durch Marx in der Grundrententheorie [MEW25, 662ff.].[51] Allerdings beschränkte sich Marx bei seinen marginalistischen Überlegungen auf die Landwirtschaft

Was bei Walras der »Auktionator« leistet, übernimmt bei Nowoschilow die »optimale Organisation einer sozialistischen Ökonomie: Die vollständige Realisierung des Wertgesetzes erfordert die Erfüllung von optimalen Plänen« [Nov70, 273]. »Optimale Preise sind ein anderer Aspekt des optimalen Plans« (274).

Das Problem der Linearen Optimierung einer nationalen Volkswirtschaft ist die schiere Größe der Aufgabe. Es wäre allenfalls möglich gewesen, optimale Preise für die wichtigsten Produkte und Ressourcen zu etablieren. Diese werden bei Nowoschilow durch schrittweise Näherung gefunden (275).

Die Marxsche Annahme des Warenaustauschs durch Produktionspreise verkompliziert erheblich die Bestimmung der optimierten Preise (Planpreise), weil sie neben dem durchschnittlichen Arbeitsaufwand durch alle Preise, die in das Produkt eingehen, beeinflusst werden (vgl. [MEW25, 216]). »Entsprächen die Preise dem gesellschaftlich notwendigen Aufwand, könnten die Berechnungen bedeutend einfacher und genauer sein. Der Nutzeffekt der Projektvarianten, der Nutzeffekt der Arbeit der einzelnen Glieder der Volkswirtschaft ließen sich durch das Verhältnis des gesellschaftlich durchschnittlichen Arbeitsaufwands zum individuellen Aufwand messen.« Und er fährt etwas später fort: »Viele Ökonomen stützen sich bei der Bestimmung des gesellschaftlich notwendigen Arbeitsaufwands auf den ersten Band des ›Kapitals‹ von Marx. Dadurch bleibt aber im Grunde genommen die Entwicklung des gesellschaftlich notwendigen Aufwands unter den Bedingungen der Metamorphose des Wertes, der Bildung des Produktionspreises und anderer Wertmodifikationen unberücksichtigt. Marx hat aber gerade im 3. Band des ›Kapitals‹ die Grundlagen einer allgemeinen Theorie der gesellschaftlich notwendigen Arbeit dargelegt, die nicht nur jene Bedingungen umfasst, unter

51 »Der Produktionspreis des schlechtesten, keine Rente tragenden Bodens ist stets der regulierende Marktpreis« (von Korn) [MEW25, 671].

denen sich die Preise dem Wert nähern, sondern auch die, bei denen die Preise den Wertmodifikationen proportional sind« [Now65, 1030]. Wie wir später sehen werden, entbehrt Nowoschilows Annahme nicht einer gewissen Tragik.

2.2 Planung nach Stalin

Stalin hat, was die Ökonomie betrifft, ein zwiespältiges Erbe hinterlassen. Ihm kam es vor allem auf die Entwicklung der Produktionsverhältnisse an. In dieser Hinsicht war seine Einschätzung richtig, dass die Produktionsmittel schon damals (außer in Beziehung zum Weltmarkt) keine Waren mehr sind, weil sie – ohne Eigentümerwechsel – verteilt werden. Die noch vorhandene Warenproduktion und die Geldwirtschaft, die den unterschiedlichen Eigentumsformen in Industrie (staatlich) und Landwirtschaft (genossenschaftlich) geschuldet sind, würden in dem Maße verschwinden, wie durch die Vertiefung der kommunistischen Produktionsverhältnisse Landwirtschaft und Industrie zu einem einheitlichen Wirtschaftsorgan verschmelzen.

Gegenläufig war hingegen sein Verständnis von politischer Ökonomie. Politische Ökonomie habe sich – und das war dann herrschende Meinung – auf »die Entwicklungsgesetze der Produktionsverhältnisse der Menschen« [Sta52, 74] zu beschränken. »Die rationelle Organisation der Produktivkräfte, die Planung der Volkswirtschaft, die Bildung der gesellschaftlichen Fonds usw. ist nicht Gegenstand der politischen Ökonomie des Sozialismus, sondern Gegenstand der Wirtschaftspolitik der leitenden Organe.«[52]

2.2.1 Der Ablauf des Planungsprozesses

Alle Betriebe hatten einen *techpromfinplan*, einen 10-Stufen-Plan (Produktion und Verkauf, Erhöhung der Arbeitsproduktivität, Investitionen, Kosten und Gewinn, u. a.) für das nächste Jahr aufzustellen, und zwar in Interaktion

52 [Sta52, 84]. In der Praxis lief das wohl darauf hinaus, wie es Nikolai Fedorenko 1968 formulierte: »Bis vor kurzem wurde oft die ökonomische Wissenschaft nicht so sehr als theoretische Basis für die Ausarbeitung der effizientesten ökonomischen Politik benutzt, sondern für die Kommentierung von Entscheidungen, die schon getroffen waren« (zit. nach [Ell73, 9]).

mit der nächst höheren Behörde. Die Vorschläge gingen an die zuständigen Ministerien, die sie wiederum mit den Vorgaben von Gosplan hinsichtlich der innerindustriellen Proportionen und der nationalen Erfordernisse in Einklang zu bringen hatten. Dieser Prozess ging bis September; bis zum Ende des Jahres wurde er präzisiert.

An der Verteilung der Produkte wirkten eine Vielzahl von Institutionen mit: zentrale Verteilung durch Gosplan, Gossnab (materiell-technische Versorgung) und einige Ministerien; dezentrale Verteilung durch territoriale Verteilung von Gossnab. Die zentrale Planwirtschaft war also gar nicht so zentral. Produkte wurden unterschieden in für die nationale Wirtschaft wichtige, die in den staatlichen Plan für die Entwicklung der nationalen Wirtschaft eingingen, und weniger wichtige, deren Output von Ministerien geplant wurde. 1968 wurden 615 industrielle Produkte als wichtig gekennzeichnet und 40.000 wurden von anderen Organen wie Ministerien zentral verteilt. Die Anforderungen der nationalen Ökonomie für solche besonderen Produkte waren der Startpunkt für die Materialbilanzen, eine Volumenplanung der Produktion in physischen Einheiten, in der (Brutto-)Output und Anforderung zum Ausgleich gebracht wurden.

2.2.2
Schwierigkeiten bei der Erstellung eines konsistenten Plans

Die Daten über den Bedarf, die den zentralen Planern zur Verfügung standen, basierten auf den Angaben der Betriebe, die von den mittleren Behörden angepasst und aggregiert wurden. Das brachte einige Probleme mit sich.

Die Angaben wurden abgesendet, bevor die Betriebe ihre Outputpläne kannten. Sie nahmen deshalb die vorausgegangenen Outputvolumen, die in beträchtlichem Ausmaß im Prozess der Planaufstellung verändert werden konnten. Offenbar ein Konstruktionsfehler. Die Anpassung, die die mittleren Behörden vornahmen, wurde ziemlich willkürlich gehandhabt. Zudem gingen durch den Prozess von Aggregation und nachfolgenden Desaggregation einige der Informationen über Zeit, Ort und Menge, in der bestimmte Güter angefordert wurden, verloren, und wegen der großen Anzahl der an der Planung beteiligten Institutionen erhielten Betriebe widersprüchliche Anforderungen. Zu einer weiteren Verzerrung der Daten trug bei, dass die Betriebe dazu neigten, ihren Bedarf zu überschätzen und ihre produktiven Möglichkeiten zu unterschätzen.

Für das Ausmaß der zu verarbeitenden Daten stand keine angemessene Rechentechnologie zur Verfügung. Neben Tischrechnern wurde auch noch mit Telefon, Stift und »Stschoty«[53] gearbeitet, so dass es unmöglich war, alle notwendigen Rechnungen auszuführen.

Die Planung und Versorgung für die gesamte Ökonomie wurde als zu groß für eine einzelne Institution angesehen und auf viele Institutionen aufgeteilt. Und die Ökonomie wurde als zu groß für die Planung aller produzierten und konsumierten Güter erachtet. Deshalb befassten sich die Planungsbehörden nur mit den wichtigeren Gütern. (Das waren ungefähr 16.000 im Jahr 1968.)

Dies reduzierte das Größenordnungsproblem zwar von Millionen auf Tausende von Gleichungen, aber um den Preis von Aggregationsfehlern, Engpässen und Vergeudung von ungeplanten Gütern. Ein Leiter einer Gosplan-Abteilung merkte an: »Einer der Gründe für Inkonsistenzen besteht darin, dass Materialien, die notwendig für die Produktion zentral geplanter Produkte sind, selbst nicht vollständig in der Liste der zentral geplanten Produkte enthalten sind und deshalb die Bilanzierung von Produktion und Bedarf in den Planungsbehörden nicht vollständig ist.« (zit. nach [Ell73, 25]).

Oft deckten Materialbilanzen nicht den gesamten Output eines Gutes ab, für manche Arten nur gut 60 %. Materialbilanzen wurden für weit weniger Produkte zusammengestellt als insgesamt produziert wurden, und sie wurden hauptsächlich für einzelne Produkte zusammengestellt, nicht unbedingt für die Produkte untereinander. Wenn der Output eines Produkts geändert wird, müssten alle Outputs von Produkten, die direkten oder indirekten Input liefern, geändert werden. Doch in der Praxis hieß das: »Wegen des großen Arbeitsaufwandes an Berechnungen von Änderungen in den Materialgleichgewichten und ungenügender Zeit für die Bewältigung einer solchen Arbeit werden in der Praxis manchmal nur solche Bilanzen, die in erster Ordnung miteinander verbunden sind, geändert. Verbindungen zweiter und besonders dritter Ordnung werden nur in den Fällen geändert, wo die Änderungen beträchtlich sind.« (Efimow, zit. nach [Ell73, 25]).

Input-Output-Rechnung wurde erst spät (ab 1959) und zögerlich eingesetzt (vgl. 2.3.3 bzw. [Anhang 5]).

53 Der russische Abakus.

2.2.3
Welche Auswege wurden gesucht?

Auch der XX. Parteitag (1956) hatte eine zwiespältige Wirkung. Während seine politische Weichenstellung einen Entwicklungsweg begünstigte, der im ersten Teil dieses Textes kritisiert wurde, löste er andererseits einige Fesseln in der Wissenschaft.

Es wurde die *Khozrastchet* (wirtschaftliche Rechnungsführung), die zu Zeiten der NÖP eingeführt wurde, wieder belebt. Sie schließt ein: Eigenständigkeit der Betriebe, eigenständige Verfügung über Kapitalfonds, Parallelbeziehungen zu anderen Betrieben, Verfolgen des eigenen Profits unter »Beachtung des Wertgesetzes«.

Weitere Schritte in der Reduzierung der zentralen Planung waren der Übergang von der zentralen Verteilung zum Großhandel, Auflösung der Branchenministerien, die die industrielle Produktion in der UdSSR und in jeder Republik leiteten, zugunsten regionaler Wirtschaftsräte (Sownarchosen),[54] Überführung der bis dahin staatlichen Maschinen und Traktorenstationen in das Eigentum der Kolchosen oder Sowchosen.

Gleichzeitig konnten jetzt, was die Ökonomie betrifft, mathematische Methoden zur Verbesserung der Planung diskutiert werden und hatten auch praktische Folgen. 1959 wurde Kantorowitschs bahnbrechendes Werk [Kan65] endlich veröffentlicht, 1960 fand die erste Konferenz über Anwendungen mathematischer Methoden in der ökonomischen Forschung statt. 1963 wurde das ZEMI (Zentrales ökonomisch-mathematisches Institut der Akademie der Wissenschaften) gegründet, und die Regierung beschloss die Einführung von Computern in der ökonomischen Planung.

Die zentrale Statistikverwaltung der Sowjetunion stellte für 1959 und 1966 Input-Output-Tafeln für die UdSSR in monetären Größen und Arbeitseinheiten auf, für 1966 auch als Kapitalstockbilanzen. Das Forschungsinstitut von Gosplan stellte mehrere Input-Output-Tafeln in monetären Größen, das Computerzentrum von Gosplan Input-Output-Tafeln in physischen Größen auf. Doch die größten Input-Output-Tafeln umfassten nur 600 Industrien, viel weniger als die durch Materialbilanzen erfassten und erst recht wenig im Vergleich zu den 20 Millionen Produkten insgesamt.

---

54 Sownarchosen existierten von 1917 bis 1932 und von 1957 bis 1965, das heißt kurz nach der Ablösung Chruschtschows.

Doch während der (zweiten Hälfte der) 1960er und 70er standen Optimierungsmethoden im Vordergrund. Sie wurden als die höchste Stufe der Planung angesehen. Dorovskich (Gosplan) meinte 1967 feststellen zu müssen: »Erfahrungen haben gezeigt, dass in der Vorbereitungsphase der Planung die statische Input-Output-Tafel ein aktives Analyseinstrument sein kann, doch in der Schlussphase der Planberechnungen ist ihre Rolle begrenzt; sie dient nur als eine Methode, um die Beziehungen zwischen den Industrien, die durch den Planentwurf ins Auge gefasst werden, zu illustrieren« (zit. nach [Ell73, 30]). Aus heutiger Sicht ein krasses Fehlurteil. Arbeitseinheiten spielten keine Rolle mehr.

Versuche, umfassende Lösungen für die gesamte Volkswirtschaft zu finden, blieben im Geflecht der Vielzahl von Institutionen und Funktionärsebenen stecken. Ellman trifft vielleicht den Kern, wenn er festhält, »dass ein wichtiger Grund für die begrenzte Anwendbarkeit vieler Ideen der optimalen Planer darin liegt, dass sie den Kantorowitsch-Algorithmus zur Lösung linearer Programmierprobleme [...] mit dem Betrieb von Volkswirtschaften verwechseln, in denen verschiedene Gruppen die Art und Weise, wie die Wirtschaft organisiert wird, unterschiedlich einstufen, die Konzeption einer unumstrittenen Zielfunktion nicht anwendbar ist, und der Planformulierungsprozess ein Prozess der Interaktion zwischen den Bestrebungen der Behörden und der Gesamtheit der untersuchten Pläne ist, bei dem die Preise eine Vielzahl von Funktionen zu erfüllen haben und eine große Anzahl von nichtpreislichen Faktoren für die Bestimmung der am besten geeigneten Art und Weise der Organisation der Wirtschaft von Bedeutung sind« [Ell73, 181].

So waren um 1970 zwar lineare Optimierung, Input-Output und auch andere Methoden in den Planungsprozess integriert, aber über partielle Lösungen kam man nicht hinaus.

2.2.4
Ein alternativer Entwicklungsweg: Sowjetmacht plus Internet

Bis Mitte der 1950er Jahre waren nur wenige Ökonomen an mathematischen Modellen der Planung und Leitung interessiert. In einer Zeit, in der mathematische Ökonomie als »anti-marxistisch« angesehen wurde, hatte auch Kantorowitschs Anfang der 1940er Jahre geschriebenes – später berühmt gewordenes – Buch *Best Use of Ressources* keine Chance zur Veröffentlichung.

Nachdem die Kybernetik zunächst als »reaktionäre Pseudowissenschaft« denunziert wurde, erschien 1955 in der Zeitschrift »Fragen der Philosophie« der erste positive Artikel über diesen Wissenschaftszweig. Seine Autoren waren neben den beiden bedeutenden Mathematikern Sergei Sobolew und Alexei Ljapunow der im militärischen Bereich tätige Wissenschaftler Anatoli Kitow [Min03]. Unter dem Schirm der Kybernetik wuchs die »ökonomische Kybernetik« heran.

Kitow wurde zum entscheidenden Vorkämpfer für die Durchsetzung der Kybernetik in der Sowjetunion. Im Januar 1959 schrieb er einen Brief an Chruschtschow, in dem er für die Belange der Ökonomie den breiten Gebrauch von Computern vorschlug. Breschnew, damals als Sekretär für diesen Bereich zuständig, stimmte weitgehend zu und berief eine Regierungskommission ein, die ausschließlich aus Befürwortern dieser Idee bestand. Im Herbst 1959 schrieb Kitow einen zweiten Brief an Chruschtschow.

Neben scharfer Kritik an bestimmten Zuständen im Bereich des Verteidigungsministeriums enthielt er den Vorschlag eines Projektes, in dem alle verfügbaren Computer des Landes zu einem »Vereinten staatlichen Netzwerk von Computerzentren« (EGSVC) zusammengefasst werden sollten, mit einer dualen Verwendung: zur Lösung ökonomischer Probleme und Aufgaben der Verteidigung. Ein Prototyp dessen, was wir heute Internet nennen und was damals einzigartig in der Welt gewesen wäre. Eine Verbindung von Militär und Zivilwirtschaft stieß auf scharfen Widerspruch von Seiten des Militärs. Kitow wurde aus der Partei ausgeschlossen und seines Postens als wissenschaftlicher Direktor des Computerzentrums des Verteidigungsministeriums enthoben [Kit]; [Kit19]; [Peters].

Trotz dieses Scheiterns wurden Kitows Ideen aufgenommen und weitergeführt. 1961 wurde die Kybernetik als wichtige Wissenschaft in das Parteiprogramm aufgenommen. Mit der Idee eines unionsweiten Computernetzwerks entstand aber auch eine Entwicklungslinie, die die Stärkung der zentralen Planwirtschaft zum Ziel hatte und damit im Widerspruch zu dem von Chruschtschow eingeleiteten Dezentralisierungsprozess – Resultat des Einflusses der marktorientierten Ökonomen – stand. Detaillierte Planungsmechanismen existierten nur noch auf Branchenebene. Die Vorschläge der Kybernetiker für die Reform der ökonomischen Administration waren aber auch eine Herausforderung für die existierenden Machthierarchien. Schwächen in der Datengewinnung und überflüssige Posten wurden durch die kybernetische Analyse aufgedeckt. Funktionäre fragten besorgt nach der führenden Rolle der Partei [Ger02, 267].

Der letzte Anlauf zur Verwirklichung des Projekts ist verbunden mit dem Namen Viktor Gluschkow, ein enger Mitstreiter Kitows. 1961 schlug Gluschkow ein landesweites, einheitliches Computernetzwerk, OGAS (deutsch: Staatliches automatisiertes System zur Datenerhebung und -verarbeitung) vor. 1962 traf sich Kossygin mit Gluschkow und Mstislaw Keldysch, damals Vorsitzender der Akademie der Wissenschaften, um über kybernetische Methoden zur Kontrolle der Ökonomie zu diskutieren. Gluschkow hatte die weitgehendsten Vorstellungen: Kontrollsystem aller Arbeit, Produktion und Verteilung. Er schlug sogar die Abschaffung des Geldes vor. Davon riet ihm Keldysh – aus taktischen Gründen – ab. Diesen Abschnitt schickte Gluschkow dann getrennt ans ZK, erhielt aber weder Unterstützung noch Antwort [Ger02, 268f.]. Die Widerstände blieben, auch nachdem nach Chruschtschows Ablösung 1964 die Dezentralisierung zurückgefahren wurde. Kossygin stimmte zunächst dem OGAS zu und es war auch in den Resolutionsentwurf für den XXIV. Parteitag (1971) aufgenommen [Ger08].[55] Beschlossen wurde ein abgespecktes OGAS – abgespeckt um alles, was mit Ökonomie und Ausarbeitung mathematischer Modelle zusammenhing. Was übrig blieb, war ein System für die Sammlung und Analyse von Informationen über sozio-politische und ideologische Prozesse sowie Aufgaben zur optimalen Leitung – der Gesellschaft. Es blieb also im Grunde nichts anderes übrig als die Produktion von reinem Herrschaftswissen [Ge02].

Nicht viel anders erging es der Ende der 1960er bzw. Anfang der 1970er Jahre als Alternative zu den Reformen entwickelte Theorie *sistemy optimal'nogo funktsionirovaniya ekonomiki*[56] (SOFE), dem sich das Zentrale ökonomisch-mathematische Institut (ZEMI) nach dem OGAS zuwandte, nachdem sich das Scheitern von OGAS abzeichnete. SOFE sollte die

55 In den Direktiven zum Fünfjahrplan 1971-1975, die Kossygin auf dem Parteitag vortrug, heißt es tatsächlich: »Unsere Planwirtschaft gestattet es, ein auf dem staatlichen System der Rechenzentren und dem einheitlichen automatischen Fernmeldenetz des Landes beruhendes gesamtstaatliches automatisiertes System der Datensammlung und -verarbeitung für das Rechnungswesen, die Planung und die Lenkung der Volkswirtschaft zu schaffen [Kos71, 96].

56 Systeme für ein optimales Funktionieren der Wirtschaft.

Rohstoffproduktion vollständig durch ein System der ökonomischen und mathematischen Planung und Buchhaltung erfassen. Hauptbestandteil war die lineare Optimierung. Sie wurde auch erfolgreich angewendet, z.B. auf Transportprobleme. Wegen ihres rechentechnisch sehr großen Aufwandes wurde eine Anwendung auf gesamte Volkswirtschaftspläne nicht ins Auge gefasst.

So verstrich mit dem XXIV. Parteitag wohl die letzte Gelegenheit, auf dem Weg, der letztlich zu Gorbatschow führte, umzukehren.

2.2.5
Exkurs: Input-Output-Rechnung und lineare Optimierung in der DDR

Während die DDR von Überlegungen zu einer internetbasierten Planung weit entfernt war und auch Arbeiten von Nowoschilow zwar in der DDR herausgegeben wurden, praktisch aber keine Rolle spielten, wurden Input-Output-Rechnung und lineare Optimierung in einem gewissen Umfang verwendet.

Ungarn begann als erstes sozialistisches Land 1957 mit der Input-Output-Analyse. In demselben Jahr schätzte der polnische Ökonom Oskar Lange die Input-Output-Rechnung als »ein notwendiges Instrument für eine wirksame Bilanzierung der Verteilung der Arbeitskräfte der Gesellschaft auf die verschiedenen Zweige der Volkswirtschaft« ein [Lan57, 319].

In der DDR, die kurz nach der Sowjetunion (1960) damit begann, gab es neben Zustimmung auch Vorbehalte. Während Georg Klaus mit Verweis auf ihren Ursprung den geistigen Anspruch der imperialistischen Länder auf diese Methode zurückwies,[57] konnte man noch im »Ökonomischen Lexikon« der DDR von 1969, S. 964 lesen: »Infolge der zugrunde liegenden Konzeption der bürgerlichen Ökonomie kann jedoch die Input-Output-Analyse die grundsätzlichen ökonomischen Zusammenhänge der Volkswirtschaft nicht aufdecken.« Input-Output-Analysen wurden in der amtlichen Statistik der DDR hauptsächlich für Strukturanalysen verwendet, zum Beispiel zur Untersuchung der Abhängigkeit der Produktion von der Außenwirtschaft sowie

57 »Es besteht also keinerlei Veranlassung für die Ökonomen des Imperialismus, diese neuen Methoden, was ihren geistigen Ursprung betrifft, für sich in Anspruch zu nehmen und die Ausarbeitung der Methode der Verflechtungsbilanzen in der Sowjetunion als eine Nachahmung volkswirtschaftlicher Bilanzierungsmethoden des Kapitalismus hinzustellen« [Kla64, 236-237].

dem Verbrauch von Energieträgern und Rohstoffen. Das ging alles mit monetären Größen.[58]

Eine bemerkenswerte Errungenschaft waren die Natural-Wert-Verflechtungsbilanzen (NWVB), die neben monetären Größen physische Mengenangaben für strukturbestimmende Gütergruppen enthielten: rund 600 Positionen an Material, Ausrüstungs- und Konsumgütern, mit denen etwa 75 Prozent des jährlichen Outputs der Volkswirtschaft abgedeckt wurden. Sie bildeten eine Basis für die Bilanzierung und für Simulationsrechnungen im Rahmen der Jahres- und Fünfjahrespläne.

In den seltenen Fällen, in denen die Input-Output-Rechnung auf betrieblicher Ebene eine Anwendung fand, ging es um die Gewährleistung eines ausbalancierten Plans [Fis78, 84].

Lineare Optimierung wurde auf betrieblicher Ebene eingesetzt zur Optimierung von Produktionsplänen und Optimierung der Materialökonomie, etwa zur Beantwortung der Frage, welcher Einsatz mit welchem Ausnutzungskoeffizienten erfolgen sollte.

Die größten Erfolge gab es im Transportwesen. Für viele Lieferbeziehungen in der Grundstoffindustrie (Holz, Kohle, Baustoffe, usw.) wurden, zum großen Teil DDR-weite, optimierte Modelle für das Eisenbahnnetz wie für den Kfz-Verkehr aufgestellt.

Auf volkswirtschaftlicher Ebene fand die lineare Optimierung nur bei speziellen Fragen wie langfristige Planung der Brennstoff-Energie-Bilanz Anwendung.

Eine eigenständig entwickelte Technologie war die so genannte Komplexmethode der linearen Optimierung, ein Instrument der interaktiven computergestützten Planung und Entscheidungsvorbereitung, das auch im Westen vertrieben wurde [Kan85, 97-130].

Was die Anwendung mathematischer Methoden in der Ökonomie insgesamt betrifft, wurde eine große Diskrepanz zwischen theoretischem Wis-

58 Die Nomenklatur der Verflechtungsbilanz, die in der DDR für 1987 aufgestellt wurde, umfasste 131 Erzeugnisgruppen. Davon waren 107 Erzeugnisgruppen der Industrie, vier der Bauwirtschaft, fünf der Land- und Forstwirtschaft, sieben des Verkehrs- und Nachrichtenwesens, zwei des Binnenhandels und sechs der übrigen Bereiche der Volkswirtschaft.
Die Aggregation dieser Verflechtungsbilanz wurde wie folgt vorgenommen:
1. Aggregationsstufe: von 131 auf 31 Erzeugnisgruppen,
2. Aggregationsstufe: von 131 auf 13 Erzeugnisgruppen,
3. Aggregationsstufe: von 131 auf 6 Erzeugnisgruppen.

sen und praktischem Einsatz festgestellt. Hans Fischer stellte schon für die 1970er Jahre eine Stagnation in der Verbreitung mathematisch-ökonomischer Methoden bei gleichzeitiger enormer Zunahme von Forschungsarbeiten und entsprechender Kader fest [Fis78]. Wolfgang Lassmann bestätigt den – gemessen an ihren Möglichkeiten – völlig unzureichenden Stand der Anwendungen [Las85, 104-5].

2.3 Neues in der Gegenwart

2.3.1 Neue Einsichten in der Arbeitswerttheorie

Die Arbeitswerttheorie ist von jeher, auch unter Marxisten, ein heiß umstrittenes Feld. Wie wir gesehen haben, gab es auch in der am Anfang beschriebenen DDR-Debatte Stimmen, die den Wert als eine rein gesellschaftliche Kategorie begriffen und damit die Naturbasis der abstrakten Arbeit – wie heute die Neue Marx-Lektüre – bestritten. Hinzu kommt, dass wir bei Marx – wenn man so will – zwei Varianten der Arbeitswerttheorie finden: eine im Band I, wonach sich Waren zu ihren tatsächlichen Arbeitswerten austauschen, und eine im Band III, wo er von einer einheitlichen Profitrate ausgeht – mit der Konsequenz, dass sich dann die Waren nicht mehr zu ihren Werten austauschen können, sondern, wie er meinte, zu ihren Produktionspreisen. Klaus Hagendorf, dem ich den Blick auf die bedeutende Arbeit von Nowoschilow verdanke [Hag12] und der die Vereinbarkeit von Arbeitswerttheorie und Marginalismus (Grenznutzentheorie) vertritt, meint, dass auch die Grenzkosten der Kapitalakkumulation in Betracht gezogen werden müssten [Hag13]. Die Neo-Ricardianer sagen, die Arbeitswerttheorie ist bestenfalls redundant, ansonsten wissenschaftlich ohne Wert.

Der Terminus »Arbeitswerttheorie« findet sich bei Marx nicht,[59] wohl aber »Wertgesetz«, ohne allerdings explizit definiert zu werden. In einer Formulierung, die sich empirische überprüfen lässt, lautet es:

Bei jedem Austausch von Waren bleibt ihr Wert, verstanden als das gesellschaftlich notwendige Arbeitszeitquantum für ihre Herstellung, erhalten.

---

59 Marx hatte keine Veranlassung sie extra zu begründen, weil sie zu seiner Zeit als allgemein akzeptiert galt. Sie wurde erst in den 1870er Jahren durch die »marginalistische Revolution« (Grenznutzenschule) angefochten.

Stellen wir uns den Austausch von Waren als einen aus den Quanten von *n* Waren gebildeten Raum vor, den wir *Warenraum* nennen. Dieser Raum hat eine bemerkenswerte Metrik.[60] Es ist nicht die »normale«, uns vertraute Metrik, die wir euklidisch nennen, sondern eine nicht-euklidische. In einem Warenraum von zwei Waren, z. B. Korn und Eisen, lassen sich die Warenbündel als Punkte in der Ebene darstellen. Austauschbare Bündel liegen auf einer Geraden. Sie haben gleichen »Abstand« vom Nullpunkt. Wäre der Raum euklidisch, lägen die Warenbündel mit gleichem Wert im gleichen Abstand auf einem Kreis um den Nullpunkt. (Näheres in Anhang 4).

Eine solche nicht-euklidische Metrik lässt sich auch in anderen Bereichen, z. B. in der Energieerhaltung beobachten.[61] Das heißt zunächst nur, dass das als Erhaltungssatz formulierte Wertgesetz zu anderen Erhaltungssätzen »passen« würde. Doch wäre weiter zu zeigen, warum die Metrik nicht-euklidisch sein muss und dass das Wertgesetz empirisch nachweisbar ist.

Solange es den Prüfstand der Empirie nicht gab, blieb die Validität des Gesetzes in gewisser Hinsicht eine offene Frage. Das sieht heute anders aus.

In den 1980er Jahren wurde es möglich, die Arbeitswerttheorie, das heißt die Gültigkeit des Wertgesetzes empirisch zu überprüfen. Mit Hilfe der Computertechnik konnte man die erforderlichen Datenmengen verarbeiten. Und es waren zwei israelische Mathematiker, Farjoun und Machover, die mit einem stochastischen Ansatz neue Einsichten beförderten [Far83]. Sie behandelten den kapitalistischen Reproduktionsprozess sozusagen als chaotisches System mit hohen Freiheitsgraden und legten damit den Grundstein für eine Betrachtungsweise der Ökonomie, die sich heute als »Econophysics« zu etablieren beginnt. Es zeigte sich, dass die Waren sich tatsächlich zu ihren Arbeitswerten austauschen.

In zahlreichen Untersuchungen wurde eine hohe Korrelation zwischen Preisen und Arbeitswerten festgestellt [Sha84]; [Coc95]; [Zac04]; [Fro10]. Und es bestätigte sich, was Farjoun/Machover vorhergesagt hatten, dass nämlich die seit Marx übliche Annahme einer einheitlichen Profitrate nicht haltbar ist. Kapitale

60 Eine Metrik definiert, was wir unter Abstand verstehen wollen.

61 Die Metrik des Warenraums ist auch interessant hinsichtlich der empirischen Überprüfung der Korrelation von (Arbeits-)Werten und Marktpreisen. Cockshott kritisiert die bei der Messung der Nähe von Wert- und Preisvektor verwendete euklidische Metrik (und damit die Behandlung des Warenraums als Vektorraum) und schlägt ein Vorgehen vor, das auf einer Art Einbettung des Warenraums in einen tatsächlichen Vektorraum beruht [Coc09].

mit einer höheren organischen Zusammensetzung haben systematisch niedrigere Profitraten. Insgesamt passt die Arbeitswerttheorie im Sinne von Band I des Kapital besser zur Realität als die von Band III. Diese Ergebnisse kamen leider zu spät für die Bemühungen in den sozialistischen Ländern um wertgerechte Preise, denn genau diese von Marx angenommene »Modifikation des Werts« wurde, wie wir in 2.1.3 gesehen haben, als ein Argument gegen die Verwendung von Preisen, die dem gesellschaftlichen Aufwand entsprechen, genommen.

2.3.2
Was ist Arbeitszeitrechnung?

Die Auflösung der warenproduzierenden Produktionsweise fällt nicht vom Himmel, sondern ist im Schoße ihrer höchstentwickelten Form, dem Kapitalismus, bereits herangereift. Denn neben der gesellschaftlichen Teilung der Arbeit, die über den Tausch auf dem Markt stattfindet und bei der *im Nachhinein* die gesellschaftliche Notwendigkeit evaluiert wird, gibt es eine vor der Produktion nach einem Plan: die Produktionsabläufe innerhalb einer Fabrik oder eines Konzerns. Die Produkte nehmen hier keinen Warencharakter an, sind aber eingebettet in der Tauschform; so wie die kooperative Form der Produktion der untergegangenen sozialistischen Länder eingebettet war in die Tauschform des Weltmarktes.

Ferner haben wir gesehen, dass die gesellschaftlichen Teilarbeiten auch im Kapitalismus bereits einem gemeinsamen Maß unterworfen sind: der Arbeitszeit. Nur, es ist nicht die tatsächlich verausgabte Arbeitszeit, sondern die »fortwährend auf ihr gesellschaftlich proportioniertes Maß reduzierte« [MEW23, 89]. Der Mangel dieses Ökonomietypus spiegelt sich im Kontrast zwischen globaler Irrationalität und betriebswirtschaftlicher Effektivität wider. Um die überkommene Regulierung der Produktion durch den Wert überflüssig zu machen, müssen wir die Produktion (nicht nur einer Fabrik, sondern der gesamten Volkswirtschaft) planen, d. h. *a priori* Kenntnisse über sie haben. Die einzig mögliche Vermessungseinheit ist die Arbeitszeit.

Wir haben gute Gründe dafür gefunden, das Wertgesetz als einen Spezialfall eines universellen Erhaltungsgesetzes aufzufassen. Die Aufhebung des Wertgesetzes in der kommunistischen Produktionsweise nimmt somit diese Form an:

Bei jeder Kombination oder Rekombination von Gütern eines Güterbündels bleibt das notwendige Arbeitszeitquantum, verstanden als die durch den Plan gesicherte minimale Arbeitszeit zu ihrer Herstellung, erhalten.

2.3.3 Input-Output-Analyse

Die Aufgabe erscheint gewaltig. Wie soll man das in einem Produkt enthaltene Arbeitsquantum bestimmen, wenn man bedenkt, dass das gesuchte Arbeitsquantum ja nicht nur aus dem Quantum lebendiger Arbeit besteht, sondern auch aus Anteilen vergegenständlichter Arbeit, die in den Produktionsmitteln für dieses Produkt enthalten sind, die wiederum aus Anteilen vergegenständlichter Arbeit in den Produktionsmitteln für die Produktionsmittel der Produktionsmittel usw. enthalten sind? Wie kann man dem Problem der Heterogenität der Arbeit gerecht werden?

Das Standard-Instrumentarium, mit denen man solcher Art Verflechtungsprobleme in den Griff bekommen kann, ist die Input-Output-Analyse. Die Input-Output-Analyse ist eine Methode, die Reproduktion eines ökonomischen Systems zu beschreiben, die an das *Tableau économique* von François Quesnay (1694-1774) und die Reproduktionsschemata von Marx (im 2. Band des *Kapital*) anschließt.

Ausgangspunkt ist die Produktionsverflechtung der Industrien einer Volkswirtschaft, herunter gebrochen bis auf einzelne Produkte (deren Anzahl im Bereich von 20 Millionen liegen kann). In Form einer quadratischen Matrix (schraffiert) werden in den Zeilen die Outputs, die eine Industrie an alle Industrien liefert (die allermeisten werden Null sein), eingetragen.

Sektoren	1	2	...	n	Planvorgabe	Bruttooutput
1	x11	x12	...	x1n	y1	x1
2	x21	x22	...	x2n	y2	x2
.	.	.	...	.	.	.
.	.	.	...	.	.	.
n	xn1	xn2	...	xnn	yn	xn

Daraus ergeben sich in den Spalten die Inputs für jedes Produkt. Die Verflechtung jedes Produkts wird in der Form so genannter *technischer Koeffizienten* a_{ij} angegeben. Sie drücken für das Produkt *i* den relativen Anteil des Produkts *j*, x_{ij}, am Gesamtoutput x_i des Produkts *i* aus:

$$a_{ij} = \frac{x_{ij}}{x_i} (i, j = 1, 2, \ldots, n).$$

Wenn die Frage zu beantworten ist, wie viel von jedem Produkt herzustellen ist, um die Planvorgabe, gegeben durch den Vektor $\vec{y}$, zu erfüllen, ist eine Gleichung der Form

$$A\vec{x}+\vec{y}=\vec{x} \qquad (1)$$

zu lösen. Dabei ist *A* die Matrix der technischen Koeffizienten und *x* der (gesuchte) Vektor der planerfüllenden Produktmengen. Die Lösung ist

$$\vec{x}=(I-A)^{-1}\vec{y},$$

wobei *I* die Einheitsmatrix ist. I – A heißt zu Ehren des Begründers der Input-Output-Analyse *Leontief-Matrix*.

Mit der Lösung von (1) hätten wir eine Verteilung der physischen Ressourcen, die den Plananforderungen genügen. Eine Input-Out-Bilanzierung ist allerdings nicht möglich, weil die Spalten unterschiedliche Einheiten enthalten und deshalb nicht addierbar sind. In der bürgerlichen volkswirtschaftlichen Gesamtrechnung wird die Vergleichbarkeit durch monetäre Tabellen erreicht. Wir rechnen in Arbeitszeiten.

Um die in den Gütern enthaltenen Arbeitszeiten berechnen zu können, reicht es hin, die direkten Arbeitszeiten zu kennen.

Ist $\vec{y}$ der (gesuchte) Vektor der Arbeitszeitquanten für die Herstellung der Produkteinheiten und $\vec{u}$ der Vektor der direkten Arbeitszeiten, dann ergibt sich $\vec{y}$ aus der Gleichung

$$A^{T}\vec{y}+\vec{u}=\vec{y}.$$

Dabei ist A^{T} die transformierte Matrix von A. Kennen wir die Arbeitszeitquanten für die Herstellung der Produkteinheiten, lässt sich die Verteilung der physischen Ressourcen in Arbeitszeiten umrechnen und damit die Verteilung der gesellschaftlichen Arbeitszeit bilanzieren. Nähere Erläuterungen befinden sich im [Anhang 5] anhand des Einführungsbeispiels, das Wassily Leontief, der Begründer der Input-Output-Analyse, in dem grundlegenden Text *Input-Output-Analysis* [Leo86][62] gewählt hat.

62 Reprint des Artikels Input-Output Analysis in der Encyclopedia of Materials Science and Engeneering. Vorsicht, dieser Reprint enthält zahlreiche Fehler!

Das Verblüffende an der Input-Output-Rechnung ist, dass die Kenntnis der technischen Koeffizienten und der direkten Arbeitszeiten genügen, um den Arbeitsinhalt der einzelnen Produkte zu berechnen. Beides kennt ja jeder Betrieb. Außerdem hat Input-Output-Rechnung eine sehr günstige algorithmische Komplexität: *n log n*. Damit wäre es rechentechnisch kein Problem, einen detaillierten Plan mit Produkten im 10-Millionen-Bereich in Minuten-Dimension durchzurechnen. Input-Output-Rechnung ist also ein mächtiges Werkzeug für die Bewältigung der praktischen Planungsprobleme.

Die Input-Output-Werte sind Flussgrößen (z. B. pro Jahr), von den langlebigen Produktionsmitteln (Kapitalstock) gehört nur die Abschreibung dazu. (Aus Bestandsgrößen ließen sich nicht die Arbeitswerte berechnen.) Die Berechnung der Arbeitswerte ist allerdings begrenzt auf frei reproduzierbare Produkte. Nun sollte eine Planung allerdings auch mit Beschränkungen in den Ressourcen umgehen können. Dafür braucht man allerdings weitere Informationen: eine der Input-Output-Tafel entsprechende Matrix der Kapitalbestände und ihrer Entwertung/Abschreibung und einen Zielvektor der Outputs. Mit dem Problem der beschränkten Ressourcen hatten sich Kantorowitsch in seiner Entwicklung der Linearen Programmierung und danach Nowoschilow schon beschäftigt (siehe 2.2.2 und 2.2.3).

Paul Cockshott entwickelte für dieses Problem einen Algorithmus, der weitaus schneller ist als die Lineare Optimierung [Coc90]. Er beruht auf der Nachbildung lernfähiger neuronaler Netze. Ein Neuron repräsentiert eine Industrie während die Synapsen die Stärke der Beziehungen zu anderen Industrien bewerten. Die dazu eingeführte so genannte Harmoniefunktion bewertet die Nähe des Outputs zum Planziel, wobei Überfluss gnädig behandelt wird, während Mangel streng bestraft wird.

Kürzlich hat Paul Cockshott den ersten Release einer »ökonomischen Plansprache« bekanntgegeben [Coc20]. Auf der Basis der offiziellen Statistiken könnte sie ein Werkzeug für die Verringerung des CO^2-Ausstoßes sein, aber eben auch für eine »harmonische« Planung.

2.3.4
Cockshott & Cottrell

Es ist **Paul Cockshott und Allin Cottrell** zu verdanken, dass der in Vergessenheit geratene Gedanke der Arbeitszeitrechnung, jetzt und unter viel günstigeren Bedingungen wieder in die Diskussion gebracht wurde.

Jetzt, wo wir die Bewertung der Produkte auf ihr eigentliches Maß[63] zurückführen können, macht Geld keinen Sinn mehr. Die beiden schottischen Wissenschaftler Cockshott/Cottrell greifen einen Vorschlag von Marx aus der Kritik des Gothaer Programms auf:

> Demgemäß erhält der einzelne Produzent – nach den Abzügen – exakt zurück, was er ihr gibt. Was er ihr gegeben hat, ist sein individuelles Arbeitsquantum. Z. B. der gesellschaftliche Arbeitstag besteht aus der Summe der individuellen Arbeitsstunden. Die individuelle Arbeitszeit des einzelnen Produzenten ist der von ihm gelieferte Teil des gesellschaftlichen Arbeitstags, sein Anteil daran. Er erhält von der Gesellschaft einen Schein, daß er soundso viel Arbeit geliefert (nach Abzug seiner Arbeit für die gemeinschaftlichen Fonds), und zieht mit diesem Schein aus dem gesellschaftlichen Vorrat von Konsumtionsmitteln soviel heraus, als gleich viel Arbeit kostet. Dasselbe Quantum Arbeit, das er der Gesellschaft in einer Form gegeben hat, erhält er in der andern zurück [MEW19, 20].

Der Gedanke dieser Arbeitsgutscheine war nicht neu, er wurde schon praktiziert durch Robert Owen. Sie fungierten in dem von ihm initiierten genossenschaftlich organisierten Gemeinwesen.

Die moderne Computertechnologie stellt heute kein Hindernis mehr für die Berechnung vollkommen disaggregierter Volkswirtschaftspläne dar. Die erforderlichen Daten liegen bereits als Tabellenkalkulationssoftware der Betriebe in digitaler Form vor. Breitbandnetze machen den Informationsfluss zwischen den Betrieben und Konsumtionsverteilungspunkten und den nationalen Rechenzentren für Planung und Verteilung zu einer einfachen Anwendung von Internettechnologie.

Bedenken und Einwände gegen eine solche Nutzung der Computertechnologie gehen in eine andere Richtung. Auf zwei Einwände sei kurz eingegangen.

Verteilung der Konsumgüter. Der Planungsprozess für Konsumgüter stellt besonders hohe Anforderungen, weil – abgesehen von den Gütern des

63 »Arbeit war der erste Preis oder ursprünglich das Kaufgeld, womit alle Dinge bezahlt wurden« [Smi63, 5. Kapitel, 40].

täglichen Bedarfs – die Nachfrage nach bestimmten Produkten oder auch Produkte selbst sich relativ schnell ändern können.

Unter Bedingungen der detaillierten Arbeitszeitrechnung lässt sich nun das Zusammenspiel von gesellschaftlichem Nutzen und Arbeitsaufwand auf folgende Weise organisieren. Der Arbeitsaufwand für ein einzelnes Produkt ist, wie wir gesehen haben, berechenbar. Der gesellschaftliche Nutzen lässt sich am Ausmaß der Bereitschaft der Konsumenten ablesen, in dem sie bereit sind, mehr (oder weniger) Arbeitsgutscheine über (oder unter) dem Arbeitszeitäquivalent für das Konsumgut herzugeben.

Cockshott und Cottrell schlagen vor, dass jedes Konsumgut mit zwei Angaben ausgezeichnet wird, sagen wir, ein Etikett, auf dem das tatsächliche Arbeitszeitquantum steht, d.h. wie viel Arbeitszeit die Herstellung tatsächlich gekostet hat, und einem so genannten Gleichgewichtspreis. Beides ist in Arbeitszeiten angegeben. Was bedeutet Gleichgewichtspreis? Man spricht von Gleichgewicht, wenn gerade so viel produziert wie nachgefragt wird. Das wird wahrscheinlich selten der Fall sein. Der Gleichgewichtspreis gibt sozusagen die Abweichung von diesem Gleichgewicht an. Übersteigt die Nachfrage das Angebot, wird der Preis so angehoben, dass der Nachfrageüberhang ausgeglichen wird. Das Verhältnis Gleichgewichtspreis/Arbeits»wert« ist dann größer als 1. Entsprechend wird das Verhältnis kleiner als 1, wenn die Nachfrage das Angebot unterschreitet.

Daraus folgt die Planungsregel: Erhöhe das Produktionsziel für Produkte mit einem Verhältnis größer als 1, verringere es bei einem Verhältnis kleiner als 1. Ein Gleichgewichtspreis, der geringer als das Arbeitszeitquantum ist, zeigt unterdurchschnittlichen Nutzen.

Die vorgestellte Verteilungsprozedur enthält zweifellos ein Marktelement, insofern ein Austausch stattfindet zwischen Arbeitsgutscheinen und den von der kollektiven Produktionsmaschine hergestellten Produkten. Aber zu einem (kapitalistischen) Markt gehören unabhängig voneinander produzierende Produzenten. Ihre Produktionskosten enthalten Inputs an Halbzeugen, Material und Arbeit, wobei die Arbeitskosten systematisch unterbewertet werden (der Kapitalist bezahlt ja nur die Reproduktionskosten der Arbeitskraft).

Die auf den Konsumgütern ausgewiesenen Arbeitszeitquanten zeigen ein realistischeres Bild des tatsächlichen gesellschaftlichen Aufwands an. Durch die Angabe des Arbeits»werts« haben die Konsumenten die Kontrolle über den tatsächlichen Arbeitsaufwand für das Produkt und damit über den auf lange Sicht anzunehmenden Preis. Bei einem Gleichgewichtspreis, der über dem angezeigten Arbeitszeitquantum liegt, stellt sich für die Konsumenten so die Frage, ob ihr Bedarf so dringend ist, dass sie den gegenwärtig höheren Gleichgewichtspreis in Kauf nehmen oder ob sie warten, bis die beiden Größen im Einklang stehen. Schließlich ist zu bedenken, dass das durch den Gleichgewichtspreis indizierte »Votum« der Konsumenten nicht, wie in kapitalistischen Märkten, durch eine ungleiche Einkommensstruktur verzerrt wird.

Ziemlich unproblematisch ist die Befriedigung der Nachfrage bei Gütern des täglichen Bedarfs. Ein Supermarkt hat heute schon eine detaillierte Kontrolle über den Warenbestand. Jede Kassenregistrierung zieht entsprechende Eintragungen in den Tabellenkalkulationen von Einkauf und Bestand nach sich. Übertragen auf die kommunistische Organisation der Verteilung, liegt die Analogie zur Versorgung einer Großfamilie, bei der der Bedarf auf Zuruf festgestellt wird, bedeutend näher als zur Verteilung durch einen kapitalistischen Markt.

Wie die Heterogenität der Arbeit erfassen? Ein weiterer verbreiteter Einwand gegen die Arbeitszeitrechnung besagt, dass sie die Heterogenität der Arbeit nicht erfassen könne. Wie kann es sein, dass die Arbeit eines Fließbandarbeiters der einer Ingenieurin gleichgesetzt wird? Wir erinnern uns an die Antwort von Marx: Komplizierte Arbeit ist multiplizierte einfache Arbeit.

Nun, die in der Qualifikation einer Arbeitskraft steckende geronnene Arbeit lässt sich analog der in einer Maschine steckenden geronnenen Arbeitszeit berechnen. Dazu muss man einschätzen, welche Arbeitszeiten in welchen Institutionen in die Qualifikation eingeflossen sind. Bei der Qualifikation einer Ingenieurin heißt das also: soundsoviel Professorenstunden, soundsoviel Stunden von Bibliotheksarbeitern, usw. Auch dies ist keine ganz neue Idee.

Stanislaw Strumilin schlug Anfang der 1920er Jahre den Gebrauch einer Arbeitseinheit *Tred (trudovaya yedinitsa)* vor, normiert an einfacher Arbeit. Aus den Ausbildungszeiten verschiedener Berufszweige errechnete er Multiplikatoren einer Tred. So kam er z. B. zum Ergebnis, dass in einer Hochschulqualifikation »nicht mehr als 13,2 Jahre einfacher Arbeit« stecken.[64]

64 [Str77, 125]. Die angekündigten Bände 2 und 3 sind leider nie erschienen!

Wenn man also auf diese Weise die in einer Qualifikation steckende Arbeitszeit abgeschätzt hat, dann kann man eben – je nachdem auf wie lange man die Zeit bis zu ihrem Verschleiß, 10, 15, oder 20 Jahre angibt – eine Übertragungsrate auf die lebendige Arbeit bestimmen, genauso wie bei der Wertübertragung einer Maschine. Und diese Übertragungsraten werden dann in der Planung natürlich berücksichtigt.[65]

Keineswegs folgt daraus jedoch eine andere Bezahlung. Politökonomisch folgt keineswegs, dass eine Ingenieurin eine höhere Partizipation genießt als ein Fließbandarbeiter. Die Gesellschaft hat ja die Qualifikation bezahlt.

Gleiche Partizipation hat geradezu kulturrevolutionäre Konsequenzen, denn ungleiche Bezahlung drückt sich ja nicht nur aus in der ungleichen materiellen Partizipation, sondern ist auch verbunden mit einem Selbstwertgefühl. Gleiche Partizipation wird dazu beitragen, dass auch bisher unterprivilegierte Schichten nach Bildung und Kultur streben und wird so die Tendenz zu einer sozial homogenen Gesellschaft befördern. Schon die DDR hatte mit ihrem relativ engen Einkommensspektrum einen viel höheren Grad an sozialer Homogenität erreicht als die BRD. Hieran wird schon deutlich: Die Frage Markt oder Plan ist viel mehr als eine technische Frage.

Jan Philipp Dapprich entwickelt im Rahmen einer Dissertation an der Uni Glasgow ein Modell, dass dasjenige von Cockshott/Cottrell adaptiert – mit einem wesentlichen Unterschied. Er benutzt so genannte mathematisch abgeleitete Bewertungen (in Reverenz an die objektiv determinierten Bewertungen bei Kantorowitsch) statt direkte Arbeitswerte [Dap]. Das hat den Vorteil, dass damit auch Auswirkungen auf die Umwelt bewertet werden können, was durch Arbeitswerte nicht erfasst werden kann. Ein Papier dazu wird demnächst erscheinen.

2.3.5 Cyber-Kommunismus in Kurzfassung

Wie er funktioniert

- In der Produktion: Alle Güter/Dienstleistungen werden nach ihrer vollständigen Arbeitszeit (das heißt einschließlich aller Vorleistungen, die in das Gut eingegangen sind) in Arbeitsgutscheinstunden (siehe unten) bewer-

65 In [Coc12, 66f.] ist ein solches Verfahren an einem Beispiel dargestellt.

tet. Abschreibung und Ausbildung werden in die Kosten mit einbezogen. Ein Smartphone kann beispielsweise 0,5 Arbeitsstunden kosten. Güter mit vernachlässigbaren Grenzkosten (≈ 0 Arbeitsstunden) wären kostenlos.

- Offene, öffentlich finanzierte Forschung und Entwicklung ist allen zugänglich und hat das Ziel, die Arbeitszeitkosten für jedes Gut zu senken.
- Die Arbeiter werden in Form von Arbeitsgutscheinen pro geleisteter Arbeitsstunde bezahlt. Wer 8 Stunden arbeitet, verdient 8 Arbeitsgutschein-Stunden (oder etwas weniger, um die Sozialleistungen abzudecken). Höhere Bezahlung ist möglich, wenn bestimmte Arbeiten als notwendiger oder gefährlicher erachtet werden. Sie sollte aber – im Sinne der Gemeinschaftsförderung – durch ein bestimmtes Verhältnis begrenzt werden.
- Die Güter werden in öffentlichen Geschäften verkauft.
- Die Geschäftsleitungen werden angewiesen, die Arbeitszeitpreise so anzupassen, dass alle Güter verkauft werden. Wird ein Gut stark nachgefragt, wird der Verkaufspreis gegenüber seiner tatsächlichen (sichtbaren!) Arbeitskosten etwas angehoben. Drohende Ladenhüter werden dagegen mit dem umgekehrten Signal ausgezeichnet (siehe 2.3.4). Damit wird jedem Gut ein Verhältnis zwischen dem verkauften Arbeitszeitquantum und den tatsächlichen Arbeitszeitkosten zugewiesen.
- Wenn sich Güter über ihren tatsächlichen Arbeitskosten verkaufen (Verhältnis > 1), bedeutet dies, dass die Gesellschaft mehr Arbeitszeit in die Herstellung dieses Gutes stecken sollte. Darunter bedeutet, dass sie weniger Arbeitszeit dafür eingesetzt haben möchte. Die Planer passen die Produktionsziele auf der Grundlage dieser Nachfrage an.
- Die Planer stellen Materialbilanzen auf, um daraus den Bruttoproduktionsbedarf (Rohstoffe + Zwischenprodukte + Arbeitskräfte) abzuleiten. Input-Output-Tabellen werden mit Hilfe der linearen Algebra gelöst (siehe 2.3.3).
- Sie vergleichen diese Anforderungen mit den tatsächlich verfügbaren Ressourcen. Einige davon können durch Umweltauflagen oder begrenzte Mengen festgelegt werden.
- Die Bevölkerung stimmt in direkter Demokratie darüber ab, wie viel Arbeitszeit für die Produktion der Nicht-Konsumgüter zugewiesen wird.
- Die Planer prüfen, ob die endgültigen Produktionsziele erreicht werden können, und wenn nicht, gehen sie einen Schritt in der Anpassung der Produktionsziele zurück.

- Schließlich erstellen sie einen detaillierten Produktionsplan, übertragen ihn über das Internet an alle Produktionsstätten und überwachen die Produktion (und den Verkauf) in Echtzeit.

Arbeitsgutscheine

- bekommen die Arbeiter, und zwar 1 Arbeitsgutschein-Stunde (oder weniger zur Deckung der Sozialleistungen) für 1 Std Arbeit.
- sind an eine einzelne Person/Familie gebunden, wahrscheinlich durch eine Kreditkarte.
- können nur gegen Konsumgüter umgetauscht werden. Sie können nicht auf eine andere Person übertragen werden. Der Kauf von Eigentum von Abwesenden ist illegal.
- werden nach der Verwendung in Geschäften vernichtet.
- werden möglicherweise nach einer gewissen Zeit vernichtet (um das Horten zu verhindern).
- Die Arbeitszeit in der gesamten Wirtschaft bleibt erhalten. Wenn es in einem Land 8 Millionen Arbeiter gibt:
  - Sagen wir, 2 Millionen Arbeiter widmen sich den Nicht-Konsumgütern (z. B. neue Unternehmen, Unterhaltung, Forschung und Entwicklung, soziale Dienstleistungen), 6 Millionen den Konsumgütern. Da nur das konsumiert werden kann, was auch produziert wurde, wird von einer Arbeitsgutscheinstunde 25% für die Finanzierung des Nichtkonsums abgezogen. Anders ausgedrückt:
  - Das Arbeitsministerium gibt 6 Millionen Personenjahresgutscheine (PjS) an die Arbeiter aus, die auf die 8 Millionen Arbeiter aufgeteilt werden. Danach werden die 8 Millionen Arbeitsstunden vollständig gestrichen.

Verwendung der Arbeitszeit	
Konsum	6 Mio. Pj
Nicht-Konsum	2 Mio. Pj
Kosten	
Güter in Geschäften	6 Mio. Pj
Nicht-Konsumgüterfonds	2 Mio. Pj
Ausgaben für	
Konsum	6 Mio. PjS
Nicht-Konsum	2 Mio. PjS

- Dies entfetischisiert die Verbraucher-Produzenten-Beziehungen, da man genau sehen kann, wie die menschliche Arbeit verteilt und ausgegeben wird.

Direkte Demokratie für Nicht-Konsumgüter

- Die Gesellschaft stimmt darüber ab, wie viel Arbeit für die sozialen Dienste aufgewendet werden soll: Bildung, Gesundheitsfürsorge, Kinderbetreuung, Umweltschutz, Landesverteidigung. Wenn ein Land 6 Millionen erwachsene Arbeiter hat, kann es 2 Millionen für Nicht-Konsumgüter einsetzen.
- Wichtige strategische Entscheidungen werden von der gesamten interessierten Bevölkerung demokratisch getroffen. Kleinere Entscheidungen werden den Planern überlassen. Informationen und Abstimmungen sind für alle zugänglich.

Der Außenhandel

- Die ungleichmäßige Entwicklung von Technologie und natürlichen Ressourcen bedeutet, dass der Außenhandel mit kapitalistischen Ländern weiterhin notwendig ist und manchmal bevorzugt wird während des Übergangs zu einer globalen sozialistischen Wirtschaft.
- Importe (oder Käufe) aus kapitalistischen Ländern werden mit vom Außenhandelsministerium ausgestellten Arbeitskreditzertifikaten bezahlt.
- Die kapitalistischen Länder (die über frei zirkulierendes Geld verfügen), könnten dann ihre eigenen Wechselkurse für die Arbeitskredite festlegen und diese wie jede andere Währung in Umlauf bringen. Die Kurse würden von der Nachfrage nach den von unserem Land produzierten Gütern kommen und sind für unsere Planer kein Problem.
- Dies ist die Umkehrung des Systems der UdSSR, die für Importe in gehaltenen Dollars oder Mark zahlte und den Export der eigenen Währung einschränkte.
- Exporte (oder Verkäufe) in kapitalistische Länder sind entweder ein Austausch von Waren oder Arbeitsgutscheinen, die sie an uns zurück verkaufen.
- Die Planer entscheiden, ob sie eine Ware importieren oder vor Ort produzieren, basierend auf dem angebotenen Preis im Vergleich zu den inländischen Kosten.

- Ein Gut wird verkauft, wenn der angebotene Preis der Arbeitsgutscheine höher ist als die tatsächlichen Arbeitszeitkosten, es wird gekauft, wenn es weniger als die inländischen Arbeitszeit kostet.

Ein Beispiel für den Außenhandel auf der Basis von Arbeitsgutscheinen:

Gut	Inländische Kosten	Angebotener Preis	Entscheidung
Öl	1 Mio. Std.	1,5 Mio. Std.	Export
Stanzmaschinen	2 Mio. Std.	1,5 Mio. Std.	Import

Wert der Exporte	1 Mio. Std in inländischen Einheiten
Wert der Importe	2 Mio. Std in inländischen Einheiten
Arbeitszeit-Defizit	1 Mio. Std in inländischen Einheiten

- Da Preise und Spekulationen in kapitalistischen Ländern stark schwanken, müssen die Planer Import-/Exportentscheidungen auf der Grundlage langfristiger Trends und nicht auf der Grundlage kurzfristiger Schwankungen treffen.
- Fremdwährung ist verboten. Schwarzmarkt wird bekämpft, indem dafür gesorgt wird, dass Arbeitsgutscheine nicht überbewertet werden. Planer verfolgen diese Märkte und stellen sicher, dass die Nachfrage nach im Ausland produzierten Waren entweder durch eine erhöhte lokale Produktion oder durch den offiziellen internationalen Handel befriedigt wird.
- Für Touristen könnte eine Vereinbarung mit kapitalistischen Banken getroffen werden, um die Verwendung ihrer Kreditkarten zum aktuellen Wechselkurs zu erlauben. Touristen aus unserem Land könnten ihre Arbeitskreditkarten im Ausland benutzen, wodurch sie ihre Arbeitsgutscheine zum aktuellen Wechselkurs der kapitalistischen Währung effektiv an eine externe Bank verkaufen könnten.
- Der Handel mit anderen sozialistischen Nationen wäre ein 1-zu-1-gleicher Austausch von Arbeitszeiten.

(zusammengefasst nach: *dessalines.github.io/essays/paul_cockshott_cyber_communism.html*)

2.3.6
Welcher Staat?

> Gegen diese in allen bisherigen Staaten unumgängliche Verwandlung des Staats und der Staatsorgane aus Dienern der Gesellschaft in Herren der Gesellschaft wandte die Kommune zwei unfehlbare Mittel an. Erstens besetzte sie alle Stellen, verwaltende, richtende, lehrende, durch Wahl nach allgemeinem Stimmrecht der Beteiligten, und zwar auf jederzeitigen Widerruf durch dieselben Beteiligten. Und zweitens zahlte sie für alle Dienste, hohe wie niedrige, nur den Lohn, den andre Arbeiter empfingen. [...] Damit war der Stellenjägerei und dem Strebertum ein sichrer Riegel vorgeschoben.
>
> Engels, *Einleitung zu Marx' Bürgerkrieg in Frankreich.*

Mit diesen Worten fasste Engels die entscheidenden Merkmale des Staates der Pariser Commune. Vorher hatten die Kommunarden gelernt, dass die Thiers und seine »Krautjunker« nichts so sehr fürchten wie bewaffnete Arbeiter. Ihr erstes Dekret »war daher die Unterdrückung des stehenden Heeres und seine Ersetzung durch das bewaffnete Volk« [MEW17, 338]. Marx sah in der Kommune »die endlich entdeckte politische Form, unter der die ökonomische Befreiung der Arbeit sich vollziehen konnte« [342]. Sie wurde nach der Oktoberrevolution zur Leitlinie des zur Staatsmacht gewordenen Kommunismus.

Einige Monate nach Eroberung der Macht befand Lenin, dass die Revolution zwar einen neuen Staatstypus geschaffen hat, der »seinen Prototyp lediglich in der Pariser Kommune« hat [LW27, 113], der in den Sowjets verankert ist, doch damit sei Kontrolle, Rechnungsführung und Disziplin noch lange nicht erreicht.[66] Nur die Partei der Bolschewiki war der Garant für die Durch-

66 »Bucharin [...] zitierte [im April 1917, HD], was bereits für den April veraltet war, [...] nämlich daß man den alten Staat zerschlagen muß; das haben wir bereits getan, das war die Aufgabe des gestrigen Tages, wir müssen aber vorwärts schreiten und nicht in die Vergangenheit, sondern in die Zukunft blicken und einen Kommunestaat schaffen; er schrieb von dem, was bereits in den Sowjetorganisationen verkörpert ist, verschwieg aber, was die Rechnungsführung, die Kontrolle und die Disziplin betrifft. Wie gleicht die Geistesverfassung dieser Menschen, wie gleicht ihre Mentalität den Stimmungen der Kleinbourgeoisie: den Reichen zum Teufel jagen, eine Kontrolle aber braucht man nicht. So sehen sie die Sache; das bezaubert sie und das trennt den klassenbewußten Proletarier von der Kleinbourgeoisie und sogar von den extremsten Revolutionären« [LW27, 293].

setzung dieses Ziels. Das sorgte für Zündstoff in den Sowjets, in denen sich Sozialrevolutionäre, Menschewiki, Anarchisten tummelten. Mit dem Kronstädter Aufstand im Februar/März 1921 kam es zum offenen Konflikt zwischen Räten und Partei, der in der damaligen Machtkonstellation nur blutig gelöst werden konnte.[67] Solange die Klassenherrschaft umkämpft bzw. solange es überhaupt noch Klassen gibt, scheint es schwer zu sein, den Kommunestaat zu verwirklichen. Lenin jedenfalls meinte: »In unserer Revolution haben sie [gemeint sind Sozialrevolutionäre und Menschewiki, HD] mit klassischer Reinheit gezeigt, was die reine Demokratie bedeutet, ebenso wie während der letzten Krise, während des Kronstädter Aufstands« [LW32, 517].

Ein neuer Anlauf zum Kommunestaat wurde versucht mit der Verfassung von 1936.[68] Auch dieses Dokument blieb Papier.

Die europäischen sozialistischen Staaten entstanden in unterschiedlichem Grad durch Revolutionen von oben, das heißt unter den Bajonetten der Roten Armee. Dieser Ursprung erklärt, dass wohl der alte Staat ziemlich durchgehend zerschlagen wurde, formale Ähnlichkeiten mit einer bürgerlichen parlamentarischen Demokratie jedoch beibehielt. Die Volkskammer der DDR war sicherlich nicht die Perle der Demokratie, aber schon insofern demokratischer als ein bürgerliches Parlament wie der Bundestag, als sie die Vorstellung einer Arbeit an einem gemeinsamen Projekt unter unterschiedlichen Aspekten verkörperte, was besonders in einer Quotierung von Jugend, (organisier-

---

67 Die Weißen waren noch nicht vollständig geschlagen, es gab an vielen Orten Proteste und Aufstände. Lenin argumentierte: Die Kronstädter Matrosen waren keine Konterrevolutionäre (»irgendein unbestimmtes Konglomerat oder ein Bund buntscheckiger Elemente, scheinbar nur ein klein wenig rechter als die Bolschewiki, ja vielleicht sogar auch ›linker‹ als die Bolschewiki« [LW32, 183]), hätten aber der Konterrevolution Tür und Tor geöffnet. Er sah Beweise, dass weiße Generäle eine wichtige Rolle dabei spielten und erinnerte an die Erfahrung, dass »die Konterrevolution die der extremsten revolutionären Partei am nächsten stehende Opposition unterstützte, um die revolutionäre Diktatur zu erschüttern« (246-7). Die Kronstädter wollten weder die Weißgardisten noch »unsere Macht – eine andere Macht gibt es aber nicht« (231).

68 Insbesondere Art. 141: Die Aufstellung der Kandidaten für die Wahlen erfolgt nach Wahlkreisen. Das Recht, Kandidaten aufzustellen, wird den gesellschaftlichen Organisationen und den Vereinigungen der Werktätigen gewährleistet: den kommunistischen Parteiorganisationen, den Gewerkschaften, Genossenschaften, Jugendorganisationen, Kulturvereinigungen. Art. 142: Jeder Deputierte ist verpflichtet, den Wählern über seine Arbeit und über die Arbeit der Sowjets der Deputierten der Werktätigen Rechenschaft abzulegen, und kann jederzeit durch Mehrheitsbeschluss der Wähler in dem durch das Gesetz festgelegten Verfahren abberufen werden.

ten) Frauen und Gewerkschaft zum Ausdruck kam. Das ist etwas anderes als im bürgerlichen Parlament verschiedene und (scheinbar) gegensätzliche Interessen zu ihrer Resultierenden zu bringen.

Doch das konnte nicht darüber hinwegtäuschen, dass auch hier (wie in der Sowjetunion) die regierende Partei alle Zügel in der Hand hielt und die Gestaltungsmöglichkeiten der »werktätigen Massen« sehr eingeschränkt waren. Eine solche Konzentrierung der Macht ging einher mit einer übermächtigen Rolle des Staates und bewegte sich in diesem Punkt damit weit weg von der Kommune, von der Engels meinte, dass sie »schon kein Staat im eigentlichen Sinne mehr war«.[69]

Dennoch wurde versucht, in dieser Staatsentwicklung einen Bezug zur Kommune herzustellen. Die Rechtfertigung dafür lieferte die seit der »Babelsberger Konferenz« 1958 [Heu90, 358] zur ausschlaggebender Bedeutung gewordene Identitätskonzeption (360ff.). Alle staatlichen Widersprüche in der sozialistischen Gesellschaft seien durch die Identität von Staat und Volk, Gesellschaft und Individuum aufgehoben. Selbst nach der Einführung des NÖS, das Anlass gegeben hätte, wegen der größeren Eigenständigkeit der Betriebe zumindest das Verhältnis von Zentralismus und Eigeninteressen einer neuen Bewertung zu unterziehen, wurden alle Angriffe auf die Identitätskonzeption zurückgewiesen. Im Gegenteil: Hermann Scheler meinte, dass Staat und Demokratie so sehr identisch sind, dass die Aufhebung des einen auch die Aufhebung des anderen bedeutet, der sozialistische Staat kein Staat im eigentlichen Sinne mehr sei, »sondern die noch in der Form des Staates gehüllte Verwirklichung der wahren sozialistischen Menschengemeinschaft« (zit. nach [Heu90, 364]).

Der reale Widerspruch zwischen Regierung und Regierten, zwischen den gewählten Machtorganen und Organen des Staatsapparats wurde spätestens sichtbar, als die Arbeiter der Abwicklung ihres Staates, der Enteignung ihrer Betriebe nichts entgegensetzten. Das erste Dekret der Kommune war die Bewaffnung der Arbeiter; eine der ersten Maßnahmen der Konterrevolution innerhalb der SED war die Auflösung der Betriebskampfgruppen.

Das selbst gesetzte Leitbild der Commune verfehlte der bisherige Sozialismus also deutlich. Überlegungen zu einer Überführung in eine Volksdemokratie erübrigen sich nach dem Verschwinden dieser Staaten.

69 Brief von Engels an August Bebel vom 18./28. März [MEW34, 128].

Versuchen wir, aufgrund der bisherigen Erfahrungen, der vorgeschlagenen ökonomischen Basis und des inzwischen eingetretenen Entwicklungsstand der Technik einige Antworten zur Lösung der Widersprüche zu finden, die im bisherigen Sozialismus nicht befriedigend gelöst werden konnten.

Es lohnt sich, angesichts des wissenschaftlich-technischen Fortschritts, der – wie wir gesehen haben – neue Möglichkeiten für die rationelle Organisation der Ökonomie eröffnet, über Formen der direkten Demokratie neu nachzudenken. Ihre bisherige Blüte hatte sie – als Teil der von Kleisthenes im 5. Jh. v. u. Z. eingeführten Reformen – auf der antiken Agora, wo die freien Bauern und Handwerker Volks- und Gerichtsversammlungen abhielten. Diese Demokratie war nicht nur beschränkt durch die Klassen- und patriarchalischen Verhältnisse, sondern auch durch die Reichweite der fünf Sinne.

Diese Beschränkungen werden nicht mehr gelten. Die Geschäftsgrundlage der vorgeschlagenen Planwirtschaft auf der Basis der Arbeitszeitrechnung sind das Gemeineigentum an den kollektiv betriebenen Produktionsmitteln und die Gleichheit in der Partizipation am Mehrprodukt. Dadurch sind die materiellen Bedingungen für Demokratie hergestellt: Abwesenheit dominierender Partikularinteressen und Herstellung sozialer Homogenität. Die Beschränkung durch die fünf Sinne ist durch die moderne Informations- und Kommunikationstechnik aufgehoben. Die Agora lässt sich heute auf ganze Länder ausdehnen.

Wenn wir Volksversammlungen, Plebiszite zu Sachfragen, sagen wir, der Europäischen Union sozialistischer Republiken durchführen wollen, müssen dafür entsprechende elektronisch gestützte Prozeduren gefunden werden, die den Anforderungen an Sicherheit, Ausschluss von Betrug, usw. gerecht werden. Heute hat fast jeder ein Handy, dies könnte für die Ubiquität der Abstimmung genutzt werden. Für die technische Lösung gibt es schon konkrete Vorschläge [Ren09].

Etwas anderes ist es, die Personen für die Führung der Staatsgeschäfte und der Verwaltung der Sachen zu bestimmen. Auch in Staaten eines Commune-Typs würden Repräsentanten durch Wahl bestimmt. Darin steckt aber bereits ein Problem. Repräsentative Demokratie – in welcher Form auch immer – löst das Demokratieproblem nicht wirklich, denn es gilt das Gesetz: Die durch Wahl bestimmten Repräsentanten einer Population stellen niemals eine repräsentative Stichprobe der Repräsentierten dar. Mit jeder Ebene der Wahl der Repräsentanten bis zum obersten Rat weicht die Zusammensetzung mehr von der Zusammensetzung der Repräsentierten ab. Wir brauchen nur auf die Zusammensetzung unseres Bundestags zu blicken. Sie hat so gut wie nichts zu tun mit der Zusammensetzung der Gesellschaft.

Ein interessantes Experiment am lebenden Objekt war in der Endzeit der Sowjetunion zu beobachten. Für die Wahlen zum Kongress der Volksdelegierten[70] wurde die Quotierung nach gesellschaftlichen Organisationen (wie in der Volkskammer der DDR) faktisch aufgehoben. Das Ergebnis dieser »freien Wahlen« war: Der Anteil der Arbeiter und Kollektivbauern sank um mehr als die Hälfte, der der Frauen um die Hälfte, während der Anteil der Intellektuellen und mittleren Manager stieg.[71] Das Gesetz der Elitenbildung (Aristokratie) gilt aber auch für jeden Verein oder auch eine politische Partei, die kommunistische eingeschlossen.

Nach der Tyrannenherrschaft der drei Peisistraten (Peisistratos und seine Söhne Hipparchus und Hippiarch, die Athen von 546-510 regierten) beschäftigte Kleisthenes, der als Wegbereiter der attischen Demokratie gilt, das Problem, wie der Erlangung zu großer Macht einzelner Personen oder eines zu großen Einflusses von Fraktionen begegnet werden könne. Die Demokratisierung des politischen Lebens führte neben der genannten Volksversammlung (*ekklesia*) und dem Scherbengericht, bei dem über den ins Exil zu Schickenden in direkter Abstimmung entschieden wurde, zu Losverfahren zur Besetzung öffentlicher Ämter. Der Rat der 500 (*bulé*), der sich aus je 50 Mitgliedern der 10 Stämme zusammensetzte, ferner das Richterkollegium *(dikastērion)* aus einer Liste von 6000 Bürgern und die hohen Beamten (*Archonten*) wurden zunehmend durch Los bestimmt [Can06, 42],; [Cro13]. Für die Durchführung der Prozedur benutzten die Athener eine Losmaschine, das Kleroterion.

Aristoteles kommentierte: »Es gilt z. B. als demokratisch, die Staatsämter (*arché*) durchs Los, und für oligarchisch, sie durch Wahl zu besetzen« [Ari03, Viertes Buch, 9., 1294a, 8-10, S.196]. Losverfahren zur Besetzung von Staatsämtern wurden auch in den norditalienischen Stadtstaaten der Renaissance

70 Die Einrichtung dieses neuen höchsten gesetzgebenden Organs war wie das neue Wahlrecht ebenfalls Bestandteil der Verfassungs- und Wahlrechtsreform vom 1. Dezember 1988.

71 Der Anteil der Arbeiter und Bauern ging von 45,9 auf 22,1 %, der Anteil der Frauen von über 30 % auf 15,6 % zurück. Der Anteil der Deputierten mit hohem Bildungsgrad stieg von 52,9 auf 75,5 %, der von »hoch professionellen Intellektuellen« von 6 auf 10,2 %. Der Anteil des mittleren Managements stieg von 6,6 auf 25,3 % [WW89].

praktiziert [Rey16].[72] Van Reybrouck und andere Autoren bringen Losverfahren auch zur Belebung westlicher Demokratien ins Spiel. Man muss kein Prophet sein, um den Ausgang der beiden Möglichkeiten vorherzusehen, die Aristoteles in der Fortsetzung des Zitats nennt: »und für demokratisch, die Befähigung zu ihnen an keine Schatzung zu binden, für oligarchisch aber, sie von einer solchen abhängig zu machen.«

Auch wenn die Entscheidungsfindung durch Los heute auf den ersten Blick utopisch erscheinen mag, es würde voll und ganz der radikalen Gleichheit entsprechen, die aus dem vorgeschlagenen Modell folgt. Wenn sich denn eines Tages die Gesellschaft dazu entschließt, wird es kein großes technisches Problem sein, ein modernes Kleroterion zu bauen.

72 Die Losverfahren in der Renaissance hatten allerdings nichts mit einer Entfaltung der Demokratie zu tun. So wurde in Venedig lediglich der Doge per Los aus einem Kreis der einflussreichsten Familien bestimmt, um ihren Konkurrenzkampf in friedlichen Bahnen zu halten [Rey16, 70f.].

ANHANG

Anhang 1: Konspekte und Notizen zur 1960er Debatte über die Messbarkeit des Werts

Johannes Rudolph:
Die Berechnung des ökonomischen Nutzeffekts und die Ermittlung des Arbeitsaufwands für die Produktion [Rud60]

Die Diskussion zu diesen Themen und noch hinzu das Reduktionsproblem der Arbeit entstand in den Anfängen des Einsatzes von Rechentechnik in der Ökonomie. »Die bereits vorhandenen mathematischen Maschinen werden in der DDR auf ökonomischem Gebiet gegenwärtig nur in wenigen Fällen und dann auf betrieblicher Ebene angewandt, z. B. im VEB Carl Zeiss, Jena, und im VEB Kinotechnik, Dresden« heißt es in der Einleitung der Redaktion.

Rudolph stellte die spitze Frage, wie man denn den Nutzen eines Produkts bestimmen könne, »wenn man die Wertgröße, d.h. den gesellschaftlichen Arbeitsaufwand, die gesellschaftlich notwendige Arbeitszeit, nicht kennt?« (552) Und: »Da [...] die Effektivpreise vom Wert abweichen können und niemand diese Abweichung kennt, sind die Aussagen dieser Formeln (es gab eine Vielzahl von Berechnungsmethoden, HD), mögen sie auch sonst richtig entwickelt worden sein, nur von zweifelhaftem Wert.« (552-3) Das war ein Hieb gegen die »allgemein anerkannte These, dass im Sozialismus die Preise der Waren planmäßig abweichend vom Wert festgesetzt würden« (554). Rudolph wendet sich gegen zwei damals weit verbreitete – und zudem der marxistischen Werttheorie widersprechenden – Ansichten, nämlich dass erstens »die Wertgröße der Produkte quantitativ nicht bestimmbar und zweitens, dass die Messung des gesellschaftlichen Arbeitsaufwands in Arbeitszeit im Sozialismus nicht möglich ist« (553). Fritz Behrens steuerte die Variante bei, dass die Bestimmung der Arbeitszeit erst möglich sei, wenn die Warenproduktion überwunden sei. Allerdings verbindet er einen solchen Zustand mit der Vorstellung, dass dann die konkrete Arbeit in der Naturalform erfasst werden kann.

Auch das Problem des gesellschaftlichen Nutzeffekts ist auf der Basis von Preisen, über deren Zusammenhang mit dem Wert man wenig weiß, nicht lösbar.

Auch Rudolph geht vom Sozialismus als Waren produzierende Produktionsweise aus und damit auch von der Existenz einer Geldware (Goldgehalt), die sich sowohl in einem Äquivalent in der jeweiligen Währung als auch in dem Quantum einfacher Arbeit, das zu ihrer Herstellung erforderlich ist, ausdrückt. Wie aber lässt sich qualifizierte Arbeit als »multiplizierte einfache Arbeit« (Marx) darstellen? Rudolph knüpft die Qualifikation an die Ausbildungszeit. Denkbar wäre die Unterscheidung nach Facharbeiter-, Fachschul- oder Ingenieur- und Hochschulausbildung. Hinzu kommen die Kosten für die Erhaltung der jeweiligen Qualifikation.

Das waren keine neue Ideen. Strumilin hatte schon in den 1920er Jahren solche Überlegungen angestellt (siehe S. 83 bzw. 37).

Ottmar Lendle:
Die Meßbarkeit des Arbeitswertes
und der Doppelcharakter der Arbeit [Len61a]

Lendle setzt sich mit Auffassungen auseinander, die an die »Neue Marx-Lektüre« erinnern. Herbert Neumann: Wert sei nur ein »bestimmtes gesellschaftliches Verhältnis«. A. Kulikow: Die abstrakte Arbeit als Wertsubstanz könne nur im Preis, im Tauschverhältnis von Ware und Geld ausgedrückt werden und der Wert sei ein Produktionsverhältnis, das man nicht messen könne; mit der Arbeitszeit könne nur die konkrete Arbeit gemessen werden.

Im Unterschied zu Neumann und Behrens (s. nachfolgende Beiträge), die den Wert als mehr oder weniger rein ökonomische Kategorie auffassen, bestimmt Lendle Wert als »ein gesellschaftliches Verhältnis, das im Austausch durchschnittlich gleicher Mengen vergegenständlichter Arbeit besteht« (404). Doch seine Vorschläge zur Messbarkeit des Arbeitsaufwands sind kurios. Er behauptet, Marx habe »an praktischen Beispielen gezeigt, wie der Wert durch die Arbeitszeit und das Gold gemessen werden kann« (406). Tatsächlich spricht Marx nur davon, dass Äquivalentformen einer Ware gleichviel Arbeit enthalten. Ausdrücklich hält er noch einmal fest, »dass die Äquivalentform einer Ware die quantitative Bestimmung ihrer Wertgröße nicht einschließt« [MEW23, 106]. Im unmittelbaren Tauschhandel wird lediglich die relative Wertgröße festgelegt.

Nun sollte nach Lendle »möglichst genau« berechnet werden, wie viel gesellschaftliche Arbeit in den sozialistischen Ländern im Durchschnitt für die Produktion einer Einheit Gold notwendig ist. Dann hätte man ein unabhängiges Wertmaß für die Preise. Nun nützt einem dies allerdings nichts für die

Bestimmung der »richtigen Preise« für die andern Produkte. Dann kommt der schöne Satz »Zunächst müsste man möglichst genau festlegen, welche Mengen lebendiger und vergangener gesellschaftlich notwendiger Arbeit in den Produkten enthalten sind«. Das heißt, die eigentliche Lösung des Problems wird vorausgesetzt, um den in Gold ausgedrückten Wert des Produkts zu erhalten.

Herbert Neumann:
Zu einigen falschen Auffassungen
über die Bestimmung der Wertgröße im Sozialismus [Neu61]

Neumann behandelt die Produktionsweise im Sozialismus in vollem Umfang als Marktwirtschaft – mit der Konsequenz, dass eine Ware ihren Wert nur in einer anderen Ware ausdrücken kann. Die Naturbasis des Werts, d. h. die abstrakte, ihrer konkreten Form entkleidete Arbeit, leugnet er. (Auch hier wieder ein Berührungspunkt mit der Neuen Marx-Lektüre, die – wie Neumann auch – die Auffassung von der abstrakten Arbeit als Substanz des Werts als »naturalistisch« geißelt.) Zwar billigt er der »Verausgabung physiologischer Arbeitskraft« zu, ein gewisses Bestimmungsmerkmal zu sein (415-416), doch gegen Ende des Artikels erklärt er klipp und klar, »dass Wert zu sein, eine *gesellschaftliche* und keine natürliche Bestimmung der Ware ist, die folglich nur im gesellschaftlichen Verhältnis von Ware zu Ware erscheint« (417-418). Wenn er dennoch nicht bestreitet, »dass der Wert nicht erfassbar und messbar ist« (415), verweist er den Begriff in den Bereich des Mystischen.

Fritz Behrens:
Wie ist der Wert meßbar? [Beh61b]

Interessante Ausführung über die Eigentümlichkeiten der Äquivalentform im Tauschwertverhältnis in der »sozialistischen Warenproduktion« (422-423). Die beiden ersten Eigentümlichkeiten – Gebrauchswert erscheint als sein Gegenteil, dem (Tausch-)Wert; konkrete Arbeit erscheint als ihr Gegenteil, der abstrakten Arbeit – gelten weiterhin. Nicht jedoch die dritte Eigentümlichkeit: private Arbeit erscheint als unmittelbar gesellschaftliche Arbeit; denn hier zeige sich der neue Inhalt der »sozialistischen Warenproduktion«. Es gibt keine Privatarbeit mehr im Sozialismus; hier kommt also plötzlich doch die Planwirtschaft ins Spiel. In einer Planwirtschaft wird jedoch jede (durch den Plan erfasste) konkrete Arbeit – wie Behrens einräumt – unmittelbar gesellschaftliche Arbeit und ist damit bereits abstrakte Arbeit. Konkrete Arbeit erscheint nicht erst, wie in der Warenproduktion, im Tausch als gleichviel (abstrakte) Arbeit. Behrens hingegen nimmt die Tatsache, dass konkrete Arbeit unmittelbar gesellschaftliche Arbeit wird, zum Anlass, »neben den auf Wertbasis aufgestellten Plänen und Bilanzen [...] auch auf Naturalbasis aufgestellte Pläne und Bilanzen zugrunde« (423) zu legen, und dies würde sogar wachsende Bedeutung erlangen. Also beides: Wert- und Zeitrechnung.

Auch bei diesem Theoretiker hat Wert nichts zu tun mit abstrakter Arbeit, messbar in der Zeit. Es tröstet Behrens nicht, »dass der Wert als geronnene menschliche Arbeit schlechthin in der Zeit gemessen wird« (426); in einer Warenproduktion, die nach seiner Auffassung ja im Sozialismus herrscht, kann der Wert jedoch nicht als solcher erscheinen, wird aber dennoch gemessen, »allerdings nicht in Arbeitsstunden, sondern an der Geldware« (ebd). Ganz davon abgesehen, dass dies nur passiert, wenn sich das Wertgesetz frei entfalten kann, das heißt in der »freien« Marktwirtschaft mit voneinander unabhängigen privaten Produzenten, kann die Geldware (Gold) als Maß nur funktionieren, weil sie als eine Ware wie jede andere ein bestimmtes Quantum an Arbeitszeit verkörpert. »Weil die Arbeitszeit das Maß zwischen Gold und Ware ist und das Gold nur Maß der Werte wird, sofern alle Waren sich in ihm messen, ist es bloßer Schein des Zirkulationsprozesses, als ob das Geld die Waren kommensurabel mache« [MEW13, 52].

»Die Zeitdauer der wirklichen Arbeit zu messen« ist nach Behrens erst möglich, wenn die Warenform der Produkte verschwindet und die »knechtende Unterordnung der Individuen unter die Teilung der Arbeit« überwunden ist (427), also am Sanktnimmerleinstag.

Bis dahin müsse man sich damit abfinden, dass der Wert als solcher nicht bekannt ist. Doch folgt für Behrens keineswegs daraus, dass die Abweichungen der Preise nicht geplant werden können! Begründung: Wert und Preis sind ökonomische Kategorien, deren Bändigung nur durch »wirtschaftspolitische Maßnahmen, die auf der Grundlage der bewussten Ausnutzung der ökonomischen Gesetze des Sozialismus vorgenommen werden« (428) möglich ist. Grundlage der Preise sollten die Selbstkosten auf der Grundlage der im Plan festgelegten Proportionen sein (ebd).

Helmut Mann:
Die Ausnutzung des Wertgesetzes im Sozialismus durch die Preise und die Preisformen [Man61]

Uninteressant. Wiederholt nur die »allgemein anerkannten These, dass im Sozialismus die Preise der Waren planmäßig abweichend vom Wert festgesetzt werden«.

Hans Schilar:
Die Meßbarkeit des Arbeitswerts als Problem der Lehre [Sch61]

Schilar fasst die Widersprüche, die sich in der Diskussion über die Messbarkeit des Werts ergeben haben, zusammen:

»Die in der Lehre der politischen Ökonomie des Sozialismus tätigen Assistenten und Dozenten stehen alljährlich mindestens einmal vor der Aufgabe, folgende Widersprüche zu erklären: erstens den Widerspruch, dass die Wertgröße durch die gesellschaftlich notwendige Arbeitszeit bestimmt ist, die Messung des gesellschaftlich notwendigen Arbeitsaufwands in *Arbeitszeit* im Sozialismus aber nicht möglich sein soll; zweitens, dass die objektiven Erfordernisse des Wertgesetzes für die planmäßige Wirtschaftsführung bewusst ausgenutzt werden, die Größe des Werts aber nicht bekannt ist; drittens, dass der Wert die Grundlage der Preisbestimmung sein soll und die Abweichungen der Preise von ihren Werten bekannt sind und geplant werden können, die Wertgröße aber unbekannt ist« (1517).

Und später (1525): »Worin besteht [...] eigentlich der *grundlegende* Unterschied in der Wirkungsweise des Wertgesetzes im Kapitalismus und Sozialismus wie der kapitalistischen und sozialistischen Warenproduktion überhaupt, wenn die Werte als bestimmte Maße festgeronnener Arbeitszeit hier wie dort nicht als Größen erfasst werden können?« (Hervorh. von Schilar).

Schilar hält richtigerweise »das Zusammenwerfen der abstrakten mit der Wert bildenden Arbeit« für einen theoretischen Fehler (1522). Die gesellschaftlichen Verhältnisse seien eine »der abstrakten Arbeit *äußerliche* Bestimmung« (Hervorh. von Schilar).

Wenn dem so ist, kann abstrakte Arbeit, je nach Produktionsweise, Wert bildend sein oder auch nicht. In der kapitalistischen Produktionsweise kann der (relative) Arbeitsinhalt der Produkte nur über den gegenständlichen Wert im Vollzug des Tauschs ans Tageslicht gebracht werden. Im (richtigen) Plan der kommunistischen Produktionsweise sind die für die Produktion notwendigen Arbeitszeitquanten direkt bestimmt. Es handelt sich dabei um ein Regime der abstrakten Arbeit, ohne Wert. Schilar spricht weiterhin von der Wert bildenden Arbeit im Sozialismus (1523). Hier zeigen sich wieder die Widersprüche einer »sozialistischen Warenproduktion«. Zwar ist das Privateigentum an den Produktionsmitteln beseitigt, gleiches lässt sich aber keineswegs uneingeschränkt für die Privatarbeit sagen. Die ökonomischen Subjekte im Sozialismus produzieren nach der damaligen Lehrmeinung Waren; Waren werden für den Verkauf produziert und ihr Wert im Tausch realisiert. Erst über den Umweg des Tauschs wird ihr Gebrauchswert bestätigt, und deshalb kann man auch nicht wie Schilar sagen, dass auch die Arbeit »in ihrer Gebrauchswert schaffenden Form *unmittelbar gesellschaftliche* Arbeit ist« (Hervorh. von Schilar).

Schließlich zeigt Schilar auf den wunden Punkt der von Behrens vorgeschlagenen Methode der »exakten« Berechnung der Wertgröße auf der Basis der Selbstkosten. Die Selbstkosten beruhen auf der Summierung von Preisen, die das Ergebnis von Preisfestsetzungen sind, die wiederum auf Selbstkosten beruhen. Die Selbstkostenmethode ist also selbstreferenziell (1526).

Ottmar Lendle:
Zur Meßbarkeit des Arbeitswerts [Len61b]

Auch Lendle argumentiert mit Marx gegen die Selbstkostenmethode:

»Was die Ware dem Kapitalisten kostet, und was die Produktion der Ware selbst kostet, sind allerdings zwei ganz verschiedne Größen. Der aus Mehrwert bestehende Teil des Warenwerts kostet dem Kapitalisten nichts, eben weil er dem Arbeiter unbezahlte Arbeit kostet. Da jedoch auf Grundlage der kapitalistischen Produktion der Arbeiter selbst, nach seinem Eintritt in den Produktionsprozeß, ein Ingrediens des in Funktion begriffenen und dem Kapitalisten zugehörigen produktiven Kapitals bildet, der Kapitalist also der wirkliche Warenproduzent ist, so erscheint notwendig der Kostpreis der Ware für ihn als die wirkliche Kost der Ware selbst. Nennen wir den Kostpreis k, so verwandelt sich die Formel: $W = c + v + m$ in die Formel: $W = k + m$, oder *Warenwert = Kostpreis + Mehrwert.*

Die Zusammenfassung der verschiednen Wertteile der Ware, die nur den in ihrer Produktion verausgabten Kapitalwert ersetzen, unter der Kategorie des Kostpreises drückt daher einerseits den spezifischen Charakter der kapitalistischen Produktion aus. Die kapitalistische Kost der Ware mißt sich an der Ausgabe in Kapital, die wirkliche Kost der Ware an der Ausgabe in Arbeit« [MEW25, 34].

»Wenn ich weiß, daß 5/6 des Warenwerts, von 600 Pfd. St., oder 500 Pfd. St. nur ein Äquivalent, einen Ersatzwert des verausgabten Kapitals von 500 Pfd. St. bilden, und daher nur hinreichen, die stofflichen Elemente dieses Kapitals rückzukaufen, so weiß ich damit weder, wie diese 5/6 des Werts der Ware, die ihren Kostpreis bilden, noch wie das letzte Sechstel, das ihren Mehrwert bildet, produziert worden sind. Die Untersuchung wird jedoch zeigen, daß der Kostpreis in der Kapitalwirtschaft den falschen Schein einer Kategorie der Wertproduktion selbst erhält« [MEW25, 37].

Diesen falschen Schein, so Schilar, sollte man doch, bitte schön, nicht auf die sozialistische Wirtschaft übertragen, denn die Größe des Mehrprodukts sei ohne Kenntnis ihres Werts nicht möglich.

Lendle wagt es nicht, die Selbstkostenrechnung an sich in Frage zu stellen, sondern *daneben* (Hervorh. HD) auch den Aufwand an gesellschaftlicher Arbeit festzustellen (1538). Er orientiert sich dabei an Marx' Erläuterung des Verwertungsprozesses anhand der Garnproduktion [MEW23, 201-205] und glaubt, damit einen Leitfaden für die Berechnung des Arbeitsaufwandes im Sozialismus zu haben. Marx hat hier aber nichts anderes gezeigt als dass sich Ware und zugehöriger Goldpreis in gleicher Arbeitszeit darstellen lassen (1540). Ihre (absolute) Wertgröße weiß man damit aber noch nicht. Selbst wenn man den Arbeitsaufwand zur Produktion eines Gramms Gold kennen würde, ließe sich der Arbeitsaufwand für die anderen Produkte nur über ihren Marktpreis in Gold ungefähr bestimmen. Das funktioniert einigermaßen in einem freien, ausgeglichenen Markt. Der steht aber im Sozialismus nicht zur Verfügung.

Sewerin Zurawicki: Über die Wirtschaftsrechnung im Sozialismus und die Versuche zur Meßbarkeit des Wertes [Zur61]

Zurawicki hält von der ganzen Wertrechnung im Allgemeinen und der Anwendung mathematischer und statistischer Methoden im Besonderen gar nichts. Das Wertgesetz überhaupt bedeutet ihm nicht viel (1550 und 1552). Wichtiger sind ihm qualitative »Bemühungen um die Erforschung des Wirkungsmechanismus des Gesetzes der planmäßigen Entwicklung der Volkswirtschaft unter Bedingungen, unter denen noch Rudimente der vergangenen Formation (jedenfalls der Warenproduktion) vorhanden sind« (1552).

Johannes Rudolph:
Die Berechnung der Wertgröße der Produkte und die Abweichung der Effektivpreise von der Wertgröße [Rud61]

Hier legt Rudolph seine Vorschläge zur Berechnung des Qualifikationsgrades der Arbeitskraft und der Wertgröße der Produkte (der nationalen Produktion) detailliert dar.

Arbeitskraft: Der Einfachheit halber geht er von zwei Qualifikationsstufen aus. Obwohl er in den vorangehenden Erläuterungen Qualifikationskosten als Bestandteil der Reproduktionskosten der Arbeitskraft nennt, gehen sie in seine Berechnung nicht ein; er behauptet sogar, dass »der Gesamtwert der Konsumtionsmittel, die in die Reproduktionskosten der Arbeitskraft eingehen schließlich den Grad der Kompliziertheit der Arbeit bestimmt« (1678). So bestehen die Qualifikationskosten lediglich aus der Summe der Werte der konsumierten Nahrungsmittel und der Kleidung, und der Qualifikationsgrad einer Arbeitskraft wird gebildet aus den Quotienten, den Wertesummen für die höher qualifizierte und die einfache Arbeitskraft.

Die Arbeit der Lehrer, Hausmeister, Bibliotheksangestellte, usw., die zur Ausbildung gehören, bleiben außen vor.

Nun sind aber die Wertgrößen der einzelnen Konsumtionsmittel, wie Rudolph selber weiß, gar nicht bekannt. Er verweist auf die folgende Berechnung der Wertgröße der Produkte. Dort aber wird der Produktionswert einer Gebrauchswerteinheit bis zum Ende der Rechnung vorausgesetzt (1682).

Beide Probleme wurden also nicht wirklich gelöst.

Harry Nick:
Wertrechnung oder Zeitrechnung?
Zum Problem des Nutzeffekts der gesellschaftlichen Arbeit [Nic65]

Unter Wertrechnung ist hier Geldrechnung gemeint!

Nick macht ein weites Feld von Fragen des Nutzeffekts der gesellschaftlichen Arbeit auf: Fragen der Optimierung meist gegenläufiger Seiten ökonomischer Maßnahmen wie Investitionen, Zentralisierung, Transportkosten, Verhältnis von einmaligem Aufwand zum laufenden Aufwand, die sich zudem auf verschiedene Ebenen der Volkswirtschaft (Betrieb, Industriezweig, Volkswirtschaft) beziehen. Er ruft nach einem Verfahren, »das alle wesentliche Seiten des ökonomischen Nutzeffekts synthetisch auszudrücken vermag« (84). Das liegt insofern auf der Diskussionslinie, als von Anbeginn die Frage der Arbeitszeitrechnung (Arbeitsaufwand) oder nicht im Zusammenhang mit dem gesellschaftlichen Nutzeffekts gestellt wurde. Dabei ist das Problem der Berechnung des gesellschaftlichen Arbeitsaufwands doch eigentlich vorgelagert; denn in jedem Fall steht eine Lösung des Problems der Ungewissheit über den Zusammenhang von Preis und Wert auf dem Prüfstand.

Nick stellt sich aus seiner Sicht gegen den herrschenden Strom der Diskussion, der von den Arbeitszeitrechnern bestimmt sei. Der gesellschaftliche Aufwand je Produkt wie der Nutzeffekt der gesellschaftlichen Arbeit könne »umfassend nur in Wertform, nicht direkt in der Zeit gemessen werden« (ebd.).

An der von Fritz Behrens entwickelten Zeitsummenmethode kritisiert er (mit Recht), dass sie nur die lebendige Arbeit erfasst (85-86). Dann wendet er sich der »ersten experimentellen Berechnung des vollen Arbeitsaufwands für das gesellschaftliche Gesamtprodukt der DDR« von Johannes Rudolph und Gerhard Wittich mit Hilfe von Verflechtungsbilanzen und Reduktionsfaktoren zur Umrechnung komplizierter Arbeit auf einfache (Wirtschaftswissenschaft 1965/2) zu. Er kritisiert daran (ebenfalls zu recht), dass die Einsparung letztlich doch wieder eine Geldeinsparung ist (87), und dann ist die Beschriftung »5 Mark« oder »1 Arbeitsstunde« in der Tat rein äußerlich (ebd.).

Nick legt durchaus einen Finger auf die Wunde, wenn er darauf hinweist, dass in einer Warenproduktion »der Wert nicht direkt, sondern nur in seinem Geldausdruck (Preis) sichtbar wird« (88). Er nimmt hier die »sozialistische Warenproduktion« als Warenproduktion ernst, was ihn nicht daran hindert, die weit verbreitete These, wonach im Sozialismus (als Warenproduktion verstanden) die konkrete Arbeit bereits unmittelbar gesellschaftliche Arbeit sei, zu bekräftigen. Dies sei eben »das Spezifische der sozialistischen Warenproduktion« (89). So verheddert sich wieder einmal die Diskussion in der in sich widersprüchlichen Konzeption der »sozialistischen Warenproduktion«, die zu vereinen sucht, was nicht zu vereinen ist: Plan und Markt.

Schließlich setzt sich Nick mit dem Problem der Reduktion komplizierter auf einfache Arbeit auseinander. Auch hier kritisiert er mit Recht, dass Rudolph und Wittich ihr Versprechen, eine direkte Bestimmung des Arbeitsaufwands in Zeit zu liefern, nicht einhalten, weil sie in ihren Berechnungen auf Geldgrößen wie Tariflöhne angewiesen sind (91). Er sieht darin ein grundsätzliches Problem, das der »Quadratur des Kreises« gleicht: Bei der

Rückführung komplizierter auf einfache Arbeit landet man unabwendbar doch im Wertausdruck durch Preis. Die Berechnung des gesellschaftlichen Arbeitsaufwands sei unmöglich, »solange infolge des Entwicklungsstandes der Produktivkräfte [...] wesentliche Unterschiede in der Qualifikation bestehen« und damit nicht »Arbeitsstunde gleich Arbeitsstunde« gesetzt werden kann (92). Sein Resümee: »Die Stunde der Arbeitszeitrechnung hat noch nicht geschlagen« (94).

Wolfgang Marschall:
Zeitrechnung, aber auch Wertrechnung [Mar66]
Replik auf Harry Nick, »Wertrechnung oder Zeitrechnung«, Einheit Heft 7, 1965, S. 82ff.

Langwierige Auslassung darüber, was lebendige und was vergegenständlichte Arbeit ist. Vom Gesamtprozess der Produktion in allen seinen Stufen aus betrachtet, ist letztlich alle vergegenständlichte Arbeit in lebendige aufgelöst. Dies zu berechnen, führt bei Marschall zur bemerkenswerten Erkenntnis, »dass diese Berechnung praktisch nur mit Hilfe eines Verflechtungsmodells, in dem der direkte Aufwand der Stufen zum Aufwand des Gesamtprozesses aufgerechnet wird, möglich ist« (125). Durch die zunehmende Anwendung moderner mathematischer Methoden und Rechentechnik sei die Berechnung des Gesamtaufwands an lebendiger Arbeit jedoch prinzipiell möglich (126). Solange sei es nötig, »an Stelle des Gesamtaufwands an lebendiger Arbeit eine Größe zu verwenden, die diesen indirekt ausdrückt« (127), das sind die Selbstkosten.

Hans Schilar:
Einige Konsequenzen der Lösung des Reduktionsproblems [Sch66a]
Einen entsprechenden Hinweis von Marx [MEW23, 211-2] aufnehmend, ist Schilars Ansatzpunkt, die Produktionskosten zur Herstellung der qualifizierten Arbeitskraft, und das sind im Wesentlichen die (Aus-)Bildungskosten, als Kriterium für ihre Bewertung zu nehmen.

Er kritisiert einen Vorschlag von Posnjakow, der voraussetzt, dass qualifizierte Arbeiter durch soundsoviele einfache Arbeiter hergestellt werden und das Wertprodukt eines einfachen Arbeiters bekannt ist. Er selbst geht von den unterschiedlichen Bildungskosten in Arbeitszeit aus, verknüpft sie aber unnötiger Weise sofort mit dem Wertprodukt, bringt im Anschluss die Sache aber klar auf den Punkt: »Für die Ermittlung wissenschaftlich begründeter Reduktionskoeffizienten ist es erforderlich, die gesamten Bildungsaufwendungen der verschiedenen komplizierten Arbeitskräfte in Beziehung zu setzen« (225). Er sieht auch, dass man es damit aber auch mit einem Rekursionsproblem zu tun hat: Die Bildungsaufwendungen der in den Qualifizierten vergegenständlichten Arbeitszeit sind wiederum selbst auf einfache Arbeit zu reduzieren, usw. Das ist genau der Einwand, den Harry Nick in »Wertrechnung oder Zeitrechnung« vorbrachte. Als Ausweg aus diesem Dilemma nennt Schilar Reduktionskoeffizienten unter Beachtung des Wertgesetzes (also doch wieder Geldgrößen) und die Möglichkeiten der Statistik (ebd), wie dann auch die abschließenden Ausführungen zu einem erweiterten Selbstkostenbegriff zeigen.

Hans Schilar:
Zum Problem der Reduktion der komplizierten auf einfache Arbeit [Sch66b]
Nach der (berechtigten) Kritik an zwei Vorschlägen von E. Kapustin und W. F. Maier (SU), die Ausbildungsdauer als Kriterium nehmen und der Erwähnung eines weiteren Vorschlags von Lopyrjow (SU) und Gellrich (DDR), die versuchen, Kennziffern für die jeweilige Arbeitsproduktivität zu gewinnen, kommt Schilar auf seinen eigenen Vorschlag aus WW 1966/2 zurück, zu dem er statistisches Material über die Bildungseinrichtungen angibt, die für die Berechnung der Ausbildungskosten hilfreich sein könnten.

Bemerkenswert ist sein Urteil über die Arbeitszeitrechnung als solche: Es »ist klar, dass sie nicht die der sozialistischen Wirtschaftsrechnung adäquate Form sein kann. Die sozialistische Produktionsweise ist Warenproduktion und der Arbeitszeitaufwand erscheint demzufolge in der Wertgröße der Waren; ihre Erscheinungsform wiederum ist der Preis. Der Streit geht nicht […] darum, die Wertrechnung durch die Arbeitszeitrechnung ersetzen zu wollen (was auch illusorisch ist), sondern er muss einzig und allein darum geführt werden, auf welche Art und Weise Elemente der Arbeitszeitrechnung in die sozialistische Wertrechnung einbezogen […] werden können« (555-556). Die Schizophrenie von Plan und Markt wird also auf der Ebene Arbeitszeitrechnung oder Wertrechnung fortgesetzt. In Verwechslung von Ursache und Wirkung muss die Existenz der (vorgeblichen) Warenproduktion als Begründung für die Unmöglichkeit der Arbeitszeitrechnung herhalten. Umgekehrt wird ein Schuh daraus: Solange die mangelnde Produktivkraftentwicklung

»Warenproduktion« nötig macht, kann noch nicht zu der dem Sozialismus adäquaten Wirtschaftsrechnung, der Arbeitszeitrechnung, übergegangen werden. (Das wäre auch die Positionierung etwa von Harry Nick.)

Gunther Kohlmey:
Planen als Regeln und Steuern [Koh68]
Repräsentiert den Gegenpol zu Rudolph und Lendle. Die bisherige Planwirtschaft beruhe wesentlich auf Steuern, in der neuen Planwirtschaft hat die Regelung ein größeres Gewicht. Faktisch läuft es auf Selbstregelung durch den Markt hinaus: »Planwirtschaft ist Geldwirtschaft« (108). Der Betrieb, als »Teilsystem«, ist direkt nur mit seiner Vereinigung und der Bank gekoppelt« (ebd.). Hier werden auch Kredit, Devisenan- und -verkauf verhandelt. »Die Banken erhalten im Regelungsmechanismus qualitativ neue Aufgaben« (ebd.). Die Konzeption, der er sich zugehörig fühlt, »begreift die Planwirtschaft voll als Waren- und Geldwirtschaft, mit Selbstregulierungen, mit Rückkopplungen über den Markt« (119).

Das Festhalten am gesellschaftlichen Gesamtplan mit dem Bestreben, den gesellschaftlich notwendigen Aufwand der einzelnen Produkte zu berechnen (von Kohlmey als »zentralistisch und naturalwirtschaftlich« (118) inkriminiert), hat in einer solchen Konzeption natürlich keinen Platz und wird abgelehnt (117f.). Er meint, Rudolph, Lendle u.a. würden übersehen, dass die Berechnung des gesellschaftlichen notwendigen Aufwands die Kenntnis des Bedarfs voraussetzt (119). Gerade dies soll aber ja gerade durch einen optimalen (zentralen) Plan gewährleistet werden.

Anhang 2: Feldman-Modell

Mit dem Feldman-Modell wurde das erste Mal die Marxsche Reproduktionstheorie für eine reale Ökonomie fruchtbar gemacht und auf ihrer Grundlage die erste Theorie ökonomischen Wachstums aufgestellt.

Grigori Alexandrowitsch Feldman (1884-1958) war Elektroingenieur und Mathematiker. Er war an der Entwicklung von GOELRO (siehe S. 37) beteiligt, arbeitete dann in GOSPLAN, wo er die Lage der Weltwirtschaft und die Methodik der Planung und Prognose untersuchte.

1928 wurde er vom GOSPLAN Vorsitzenden G.M. Krzhizhanovsky für die Leitung der Perspektivplanung gewonnen. Das war die Zeit intensiver Diskussionen und Debatten zwischen Theoretikern und Praktikern über Tempo, Ansätze, Planungsmethoden und Faktoren des Wirtschaftswachstums. Das daraus hervor gegangene ökonomisch-mathematische Modell, das zur praktischen Anwendung bei der Ausarbeitung von Industrialisierungsplänen vorgeschlagen wurde, stellte Feldman 1928 in zwei Artikeln in der Zeitschrift Planwirtschaft (planovoye khozyaystvo) vor.[73]

Feldman übernahm von Marx in leicht abgewandelter Form die Aufteilung in die Sektoren Produktionsmittelindustrie (Abteilung I) und Konsumtionsmittelindustrie (Abteilung II) – ohne den Anteil des Mehrwerts, den die Kapitalisten verprassen.[74]

Schon Marx hatte erkannt, dass in der Abteilung I das vorantreibende Element der Akkumulation liegt [MEW24, 435-436]. Die Schlüsselfrage ist das Verhältnis K_u/K_p, das ist das Verhältnis des Kapitals im Produktionsmittelsektor zum Kapital zum Konsumtionssektor [Spu64, 188,184,195].

73 G. A. Feldman, On the theory of economic growth rates of national income I und II, ins Englische übersetzt in: [Spu64, 174-199, 304-331].

74 »Wir können uns dem Kapital, das seinen spezifisch antisozialen Gehalt verloren hat, als technisch notwendigem, auf einem gegebenen Niveau der Produktivkräfte bestehendem Produktionsmittel-Fonds nähern, der aus Produktionsmitteln und Konsumtionsmitteln besteht, unabhängig davon, in wessen zeitlichem Besitz und wo sie sich zu einem bestimmten Zeitpunkt befinden. Wir sehen unter den Bedingungen der sozialistischen Beziehungen nicht die Notwendigkeit, die Verteilung der Produktionsqualifikation zu entziehen, und halten es für denkbar, den Produktionsprozess erst zum Zeitpunkt der direkten Nutzung oder des direkten Verbrauchs aller Verbraucherwerte als vollständig anzuerkennen« [Fel29, 102].

Die Grundgleichung des Feldman'schen Wachstumsmodells [Fel29, 116] ist

$$D' = S \frac{D_u}{D}. \qquad (1)$$

Dabei ist *D* der gesamte neu geschaffene Wert, der dem Nationaleinkommen entspricht; D_u ist der Teil des Nationaleinkommens, der im Produktionsmittelbereich neu geschaffen wurde, *D'* die Wachstumsrate des Nationaleinkommens und S gibt die Kapitaleffizienz des (Gesamt-)Kapitals an, ausgedrückt durch

$$S = \frac{D}{K}.$$

Aufschlussreich ist eine Untersuchung der Gleichung (1) unter dem Gesichtspunkt der Arbeitswerttheorie (vergl. [Coc17]).

Ein beliebiges Produkt ist das Ergebnis gesellschaftlicher Arbeit, verausgabt von Menschen, die vielleicht 8 *h* täglich und 230 Tage im Jahresdurchschnitt arbeiten. Deshalb ist es sinnvoll, die Arbeit in einer Einheit wie z. B. Personenjahr anzugeben. In der politischen Ökonomie lassen sich Flussgrößen und Bestandsgrößen unterscheiden. Das Marx'sche *C* z. B. ist eine Flussgröße, während *K* eine Bestandsgröße ist. Flussgrößen sind charakterisiert durch ihren Bezug auf eine Zeiteinheit, z. B. Jahr. Dann ist die Dimension einer Flussgröße *personen·jahr/jahr* also Personen. Flussgrößen lassen sich also durch Anzahl von (arbeitenden) Personen kennzeichnen.

In Gleichung (1) sind *D* und D_u Flussgrößen. Das Verhältnis D_u/D drückt damit den Anteil der Personen, die im Produktionsmittelsektor arbeiten, an der Gesamtzahl der Beschäftigten aus. *S* hat mit *D/K* die Dimension *personen/(personen·jahr)* also $jahr^{-1}$. Da D_u/D durch Kürzen dimensionslos wird, hat die ganze rechte Seite der Gleichung die Dimension $jahr^{-1}$. ΔD ist der Jahreszuwachs von *D*. Er hat die Dimension *personen/jahr. D'=ΔD/D hat die Dimension (personen/jahr)/personen, also* $jahr^{-1}$, wie man es auch von einer Rate erwartet. Linke und rechte Seite der Gleichung (1) haben die gleiche Dimension.

Nach Gleichung (1) wird die Wachstumsrate des Nationaleinkommens wesentlich durch das Anwachsen von D_u bestimmt, aus der Sicht der Arbeitswerttheorie also durch das Wachstum der Arbeiterpopulation, die Produktionsmittel produziert. Das Wachstum der Industriearbeiter unterlag zum Beginn des Fünfjahresplans praktisch keiner Beschränkung. Feldman konnte »davon ausgehen, dass Arbeitskräfte in beliebiger Menge und Zusammensetzung zur Verfügung stehen« ([Fel28, 161]; [Spu64, 188]). Das riesige Potenzial an Arbeitskräften begann erst in den 1960er Jahren zu versiegen und wurde dann ein Teil der entstehenden ökonomischen Probleme.

Feldman versuchte, mit Hilfe der oben eingeführten Kategorien den Charakter und die Dynamik des Fünfjahrplans zu erkennen und zwei Optionen zu skizzieren: eine minimale, D_{min}, und eine maximale (unter »höchster Anspannung« der Kräfte) Variante D_{max}.

Abgebildet sind D, D_u und D_p (der Neuwert im Konsumbereich) für die minimale und die maximale Variante. Ab 1932 fallen in der maximalen Variante die Graphen von D_u und D_p zusammen, weil beide gleich groß sind. Die dicke Linie zeigt die reale Entwicklung von D.[75]

In der minimalen Variante entwickelt sich D_u/D_p von 0,2 bis 0,58, in der maximalen Variante von 0,2 bis zum Einpendeln auf 1 (beide gleich groß). Die reale Entwicklung des Nationaleinkommens liegt nach [Cla72, 8f.] zwischen den beiden Varianten.

Feldman kommt in der Minimalvariante für die Zeit von 1928 bis 1941 auf ein Wachstum des Nationaleinkommens von 583,8 %. Laut russischer Wikipedia im Eintrag über Grigori A. Feldman kamen spätere russische Forscher zum Ergebnis, dass diese Variante das tatsächliche Wachstum (512 %) ziemlich gut getroffen wurde.

Die Abhängigkeit des Wachstums von der Triebkraft des Wachstums der Population teilt der Sozialismus mit der Dynamik der kapitalistischen Produktionsweise. Deren Agens, die Profitrate, hängt wesentlich vom Wachstum der Arbeiterpopulation ab [CCM09, 300ff.]; [Zac10], das in den reifen kapitalistischen Ländern allmählich zum Erliegen kommt.

75 Quellen: [Fel29, 126-127, Tabelle 6]; die reale Entwicklung ist [Cla72, 8f., nach verschiedenen sowjetischen Angaben] entnommen.

Abbildung: Varianten des Nationaleinkommens

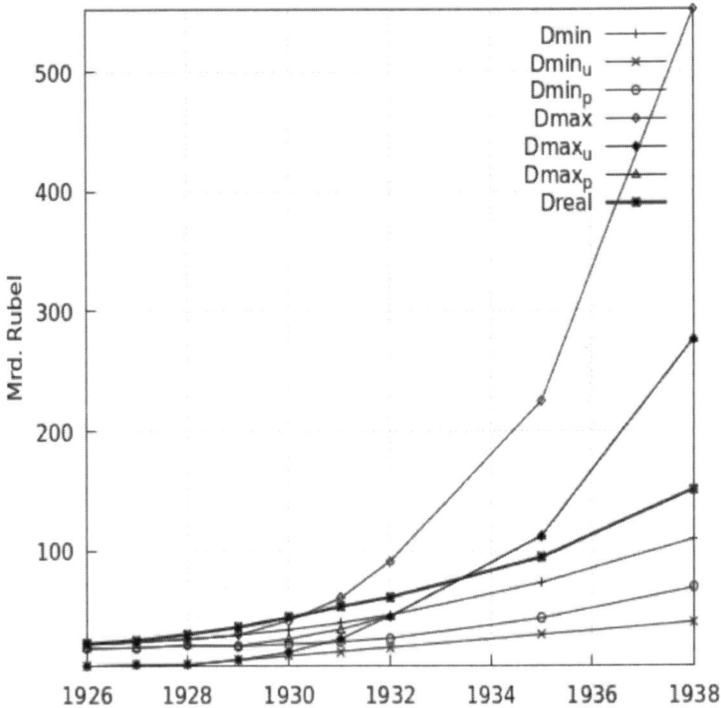

Anhang 3: Rechnungen zur linearen Optimierung

Zwei Arten der Berechnung eines optimalen Plans

1. Für die aggregierten Kapazitäten der Fabriktypen (siehe S. 61) ergibt sich

Artikel 1	Artikel 2
α1,1 = 800.000	α1,2 = 100.000
α2,1 = 500.000	α2,2 = 75.000
α3,1 = 1.800.000	α3,2 = 450.000
α4,1 = 1.200.000	α4,2 = 500.000
α5,1 = 1.200.000	α5,2 = 600.000

Wenn Typ 1 und Typ 2 ausschließlich Art.1 herstellen, ist ihre Summe immer noch kleiner gegenüber der Summe der Art. 2, die ausschließlich Art. 2 herstellen.

$$\sum_{i=1}^{2} \alpha_{i,1} = 1300000 < \sum_{i=3}^{5} \alpha_{i,2} = 1550000.$$

Doch für *i=3* erhalten wir:

$$\sum_{i=1}^{3} \alpha_{i,1} = 3100000 > \sum_{i=4}^{5} \alpha_{i,2} = 1100000.$$

Die Produktion von Typ 3 muss aufgeteilt werden, das heißt, es müssen die Arbeitszeiten $h_{3,1}$ und $h_{3,2}$ bestimmt werden, die die Gleichung

$$\sum_{i=1}^{2} \alpha_{i,1} + h_{3,1}\,\alpha_{3,1} = \sum_{i=4}^{5} \alpha_{i,2} + h_{3,2}\,\alpha_{3,2} \qquad (1)$$

unter der Bedingung $h_{3,1}+h_{3,2}=1$ erfüllen. Alle anderen Arbeitszeiten sind entweder 1 oder 0.

Ergebnis: $h_{3,1}=1/9$ und $h_{3,2}=8/9$. Das heißt: Bei einem optimalen Plan müsste 1 der 9 Fabriken des Typs 3 Art. 1 herstellen, die restlichen 8 Artikel 2. Der optimale Plan sieht insgesamt dann so aus:

Typ	Art.1	Art. 2
1	800.000	0
2	500.000	0
3	200.000	400.000
4	0	500.000
5	0	600.000
Summe	1.500.000	1.500.000

2. Dasselbe Problem mit der Methode der *lösenden Multiplikatoren* (oder *objektiv determinierten Bewertungen*)

Wir definieren die Summe z_k der in den einzelnen Fabriken hergestellten Artikel k durch

$$z_k = \sum_{i=1}^{n} h_{i,k} \alpha_{i.k}$$

Die $h_{i,k}$ müssen so gefunden werden, dass die z_k gleich groß sind und ihr gemeinsamer Wert z (hier $z=z_1=z_2$) maximal ist.

Kantorowitsch zeigte, dass man die gemeinsamen größten Werte $z_1, z_2, \ldots, z_m$ findet, wenn man von den Produkten $\lambda_{i,1}\alpha_{i,2}, \lambda_{i,2}\alpha_{i2}, \ldots, \lambda_{i,m}\alpha_{i,m}$ für jedes i den größten Wert t_i heraussucht und die Arbeitszeiten, die zu den nicht-maximalen Produkten gehören, gleich Null gesetzt werden. Hieraus lassen sich dann die restlichen Arbeitszeiten berechnen.

Da in unserem Fall $m=2$ ist (die Anzahl der Artikelsorten), suchen wir zwei Multiplikatoren λ_1 und λ_2. Wir bestimmen sie durch ein Näherungsverfahren. Wir beginnen mit zwei beliebig gewählten Werten. Günstig ist, sie so zu wählen, dass sie umgekehrt proportional zu den aggregierten Kapazitäten der Art. 1 und Art. 2 sind, mit einem beliebigen Antiproportionalitätsfaktor P. Wir wählen $P=10000000$ und teilen jeweils durch die aggregierten Kapazitäten.

$$\lambda_1^0 = \frac{10000000}{5500000} = 1{,}818$$

$$\lambda_2^0 = \frac{10000000}{1725000} = 5{,}797.$$

Wir stellen zunächst die sich aus den Anfangswerten von λ_1 und λ_2 ergebenden Werte zusammen:

$\lambda_k \alpha_{i,k}$				
1.456.000	*910.000*	*3.276.000*	2.184.000	2.184.000
580.000	435.000	2.610.000	*2.900.000*	*3.480.000*

$\alpha_{ik} h_{ik}$					z_k
800.000	500.000	1.800.000	0	0	3.100.000
0	0	0	500.000	600.000	1.100.000

Die jeweils größten Werte einer Spalte sind kursiv geschrieben. λ_2 muss offenbar erhöht werden. Wir wählen einen Korrekturfaktor, mit dem wir eine Koinzidenz in einer Spalte erreichen können. Mit dem naheliegenden Korrekturfaktor

$$\frac{\lambda_1 \alpha_{3,1}}{\lambda_2 \alpha_{3,2}} = \frac{3276000}{2610000} = 1{,}255$$

erhalten wir den korrigierten Wert $\lambda_2 = 7{,}27$ und erreichen die Koinzidenz in der dritten Spalte.

$\lambda_k \alpha_{i,k}$				
1.456.000	*910.000*	3.276.000	2.184.000	2.184.000
727.900	545.925	3.276.000	3.639.500	4.367.400

$\alpha_{ik} h_{ik}$					z_k
800.000	500.000	1.800.000	0	0	?
0	0	450.000(1-u)	500.000	600.000	?

Nun ist der Näherungsprozess auch schon zu Ende (was bei $m=2$ kein Wunder ist), denn wir können nun mit der Bedingung, dass $z_1 = z_2$ sein muss, die Arbeitszeiten für $\alpha_{3,1}=u$ und $\alpha_{3,2}=(1-u)$ berechnen. Aus

$$800000+500000+1800000u=450000(1-u)+500000+600000$$

ergibt sich u=1/9 und (1-u)=8/9 bei gleichen z_k:

$\lambda_k a_{i,k}$				
1.456.000	*910.000*	3.276.000	2.184.000	2.184.000
727.900	545.925	3.276.000	3.639.500	4.367.400

$a_{ik}h_{ik}$					z_k
800.000	500.000	1.800.000	0	0	1.500.000
0	0	450.000(1-u)	500.000	600.000	1.500.000

$$\frac{\lambda_2}{\lambda_1} \approx 4$$

Das ist das Produktivitätsverhältnis im Fabriktyp 3.

Anhang 4: Metrik des Warenraums

Wir hatten in 2.3.1 das Wertgesetz so formuliert:

Bei jedem Austausch von Waren bleibt ihr Wert, verstanden als das gesellschaftlich notwendige Arbeitszeitquantum für ihre Herstellung, erhalten.

Beginnen wir mit einer formalen Eigenschaft einer Ökonomie, die auf Tausch beruht. Wir denken uns einen aus den Quanten von *n* Waren gebildeten Raum, den wir *Warenraum* nennen.

Bei einem Bündel von 2 Waren, sagen wir Eisen und Korn, lässt sich der Sachverhalt in einer Ebene darstellen.

Wenn z. B. die Äquivalenz 2 Einheiten Eisen $=_T$ 1 Einheit Korn zu Grunde gelegt wird, hätte das Warenbündel *(2|0* denselben Wert wie (0|1), aber auch wie das Bündel (1|0,5).

Abb. 1: Metrik des Warenraums

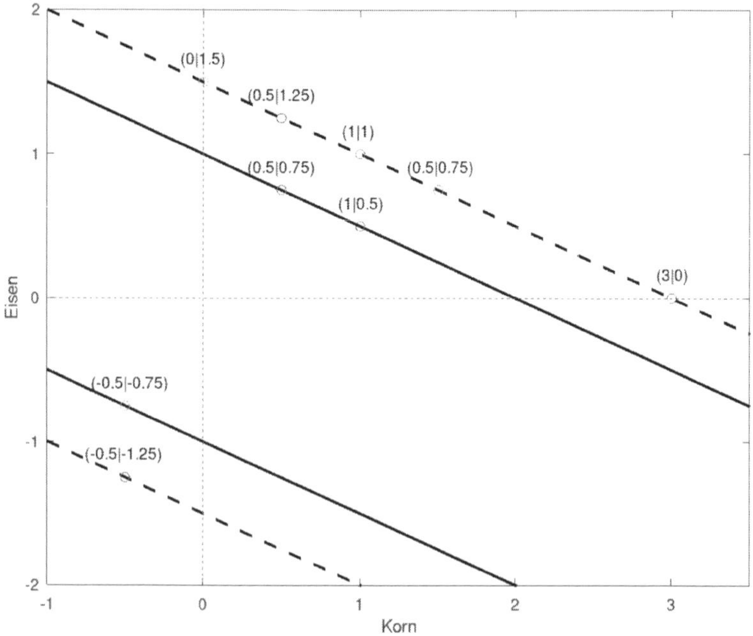

Genauso ließe sich das Bündel *(3|0)* austauschen gegen das Bündel *(0|1,5)*, aber auch gegen *(1|1)*. Alle möglichen Rekombinationen eines Warenbündels mit dem gleichen Wert (Isovalen) liegen auf einer Geraden (Abb.1).

Was ist mit den Geraden, die im negativen verlaufen? Sie lassen sich im Sinne der doppelten Buchführung interpretieren: Jedes Guthaben erscheint auch als Schulden in der gleichen Aufstellung.

Punkte mit der Eigenschaft, dass sie gleich weit vom Nullpunkt entfernt liegen, liegen normalerweise auf konzentrischen Kreisen um den Nullpunkt. So sind wir es von der vertrauten euklischen Metrik gewohnt (Abb.2). Die Metrik in Abb. 2 ist definiert durch

$$d(p,q)=\sqrt{(q_1-p_1)^2+(q_2-p_2)^2}.$$

Abb. 2: Euklidische Metrik

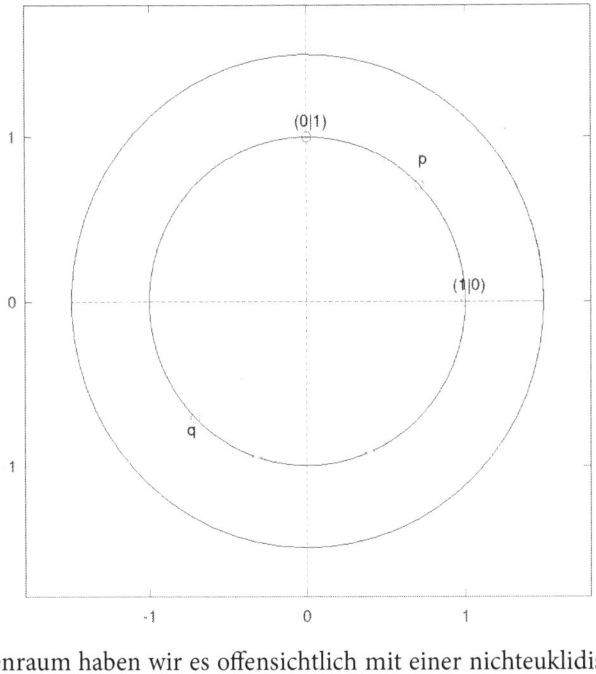

Im Warenraum haben wir es offensichtlich mit einer nichteuklidischen Metrik zu tun. Alle Punkte einer Isovalen sind gleich weit vom Nullpunkt entfernt. Die Nullumgebungen sind hier nicht Kreise, sondern Paare von nach zwei Seiten hin unbegrenzten Streifen (Abb.1).

Eine solche Metrik lässt sich beschreiben durch $d((p_1,p_2), (q_1,q_2))=|\alpha(q_1-p_1)+\beta(q_2-p_2)|$, wobei α und β Konstanten sind. Für $\alpha=2$ und $\beta=1$ ergibt sich z. B. eine Metrik, die der Situation in unserem Beispiel entspricht. Alle Punkte auf der Geraden, die den Punkt (1;1) enthält, haben vom Ursprung den Abstand $d=3$. In dieser Metrik gehört zu einer Nullumgebung neben der eingetragenen Geraden eine zweite, konjugierte Isovale, denn auch für *(-0,5;-1,25)*, *(-1:-1)* usw. gilt $d(p,0) =3$.

Warum kann ein Warenraum keine euklidische Metrik haben? Sehen wir uns in Abb. 1 nochmal die Gerade mit dem Warenbündel *(1|1)* an. Angenommen, der Warenbündelagent tausche von *1 E* Eisen ½ E gegen ¼ E Korn. Dann hat er das Warenbündel (0,5|1,25), was den gleichen Wert hat und folglich auf derselben Geraden liegt. Genau das funktioniert bei einer euklidischen Metrik nicht.

Ein Warenbündelagent könnte das Warenbündel (0|1) gegen das Warenbündel $(1/\sqrt{2};1/\sqrt{2})$ – das sind die Koordinaten des Punktes p auf dem Einheitskreis – eintauschen. *Ökonomisch* könnte er dann auch $1/\sqrt{2}$ Eisen gegen $1/\sqrt{2}$ Korn tauschen. Dies widerspricht jedoch der Euklidischen Metrik, denn nach diesem Tausch hätte der Agent das Warenbündel $(0;1/\sqrt{2}+1/\sqrt{2})$ das wegen $1/\sqrt{2}+1/\sqrt{2}>1$ nicht mehr auf der ursprünglichen Isovalen, dem Einheitskreis, liegt.

Es ließe sich auch ein topologisches Argument anführen. Auf den Isovalen des Warenbündelraums führt jeder stetige Weg über Warenbündel, die auch ökonomisch austauschbar sind. Bei einer euklidischer Metrik führt jedoch ein Weg von $(1/\sqrt{2};1/\sqrt{2})$ zu $(-1/\sqrt{2};-1/\sqrt{2})$ Wer aber ist bereit, Guthaben gegen Schulden zu tauschen?

Eine Metrik in der Energieerhaltung. Metriken des Typs, wie wir ihn im Warenraum beobachten können, kommen auch in der Energieerhaltung vor.

Eine Masse von 1 kg werde mit einer Anfangsgeschwindigkeit $v_0 = 20\ m/s$ senkrecht nach oben geschleudert.

Abb 3: Verteilung von potentieller und kinetischer Energie

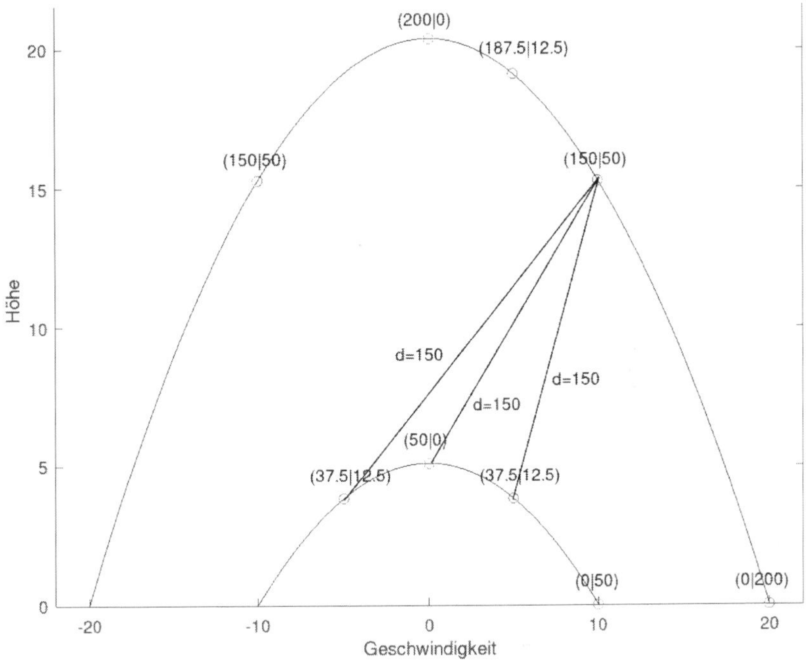

Wegen $v=v_0$-gt für die Geschwindigkeit und

$h(t)=v_0 t-\frac{g}{2}t^2$ für die Höhe gilt

$$h(v)=\frac{v_0-v}{g}\left(v_0-\frac{1}{2}(v_0-v)\right).$$

Die Steighöhe beträgt 20,38 m. In Abb. 3 stellt der obere Graph diese Funktion dar.

Die Energie des Systems beträgt 200 Joule. Sie befindet sich am Anfang vollständig in der Form der kinetischen Energie ½ mv^2 und bei der größten Steighöhe vollständig in Form der potentiellen Energie *(mgh)*. Im Graphen ist die Verteilung von potentieller und kinetischer Energie im jeweiligen Geschwindigkeit-Höhe-Zustand eingetragen.

Im unteren Graphen sind analog die Verhältnisse bei einer Anfangsgeschwindigkeit von 10 m/s dargestellt, woraus sich eine Gesamtenergie von 50 Joule ergibt.

Alle Punkte eines Graphen repräsentieren die gleiche Energie. Jeder Punkt des oberen Graphen hat zu jedem Punkt des unteren Graphen einen Abstand von 150 Joule. Der Raum gehorcht einer Metrik vom Typ $d=|\alpha(q_1-p_1)+\beta(q_2-p_2)|$ mit $\alpha=\beta=1$.

Die Übereinstimmung mit einer Metrik bei Erhaltungssätzen liefert noch keinen Beweis für die Gültigkeit des Wertgesetzes, sondern weist nur darauf hin, dass sich das Wertgesetz als Spezialfall eines universellen Erhaltungssatzes auffassen ließe, der sich in jeder Ökonomie der Zeit, also auch in der kommunistischen Produktionsweise, auf spezifische Weise ausdrückt. Der Nachweis des Gesetzes selbst kann nur empirisch erbracht werden.

Anhang 5:
Ein Beispiel für Input-Output-Rechnung

Sei eine Ökonomie mit den drei Industrien Eisen, Kohle und Weizen gegeben.

- Für die Herstellung einer Tonne Eisen sind 0,08 t Eisen, 1,5t Kohle und 20 h Arbeit erforderlich.
- Für die Herstellung einer Tonne Kohle sind 0,2 t Eisen, 0,3 t Kohle und 3 h Arbeit erforderlich.
- Für die Herstellung einer Tonne Weizen sind 0,02 t Eisen, 0,4 t Kohle, 0,05 t Weizen und 3 h Arbeit erforderlich.

Solche Daten kennt jeder Betrieb. In Tabellenform:

Tab. 1

Industrien	Eisen	Kohle	Weizen
Eisen	0,08	0,2	0,02
Kohle	1,5	0,3	0,40
Weizen	0,0	0,0	0,05
Arbeit	20	3	3

Mit den Koeffizienten der quadratischen Matrix (schraffiert) wird die »Technologie« der Ökonomie beschrieben. Deshalb heißen sie auch technische Koeffizienten. Wenn wir mit $a_{i,j}$ das Element in der i-ten Zeile und j-ten Spalte bezeichnen, gibt $a_{i,j}$ den Anteil der i-ten Industrie an der Herstellung einer Einheit der j-ten Industrie an. So sagt $a_{2,1}$=1,5 aus, dass die Kohleindustrie 1,5 Einheiten für die Herstellung 1 Einheit Eisen beisteuert. Daraus ergibt sich, dass in der i-ten Spalte die Inputs der i-ten Industrie und in der i-ten Spalte die Outputs (Verwendung) der i-ten Industrie stehen.

Verteilung der physischen Ressourcen

Lassen wir zunächst die Arbeitszeiten außer Betracht und beschäftigen uns mit der physischen Verteilung. Angenommen, die Anforderung bestehe in der Produktion von 25 Einheiten (z.B. Mio. t) Eisen, 200 Kohle und 1000 Weizen. Es geht darum, jeweils den erforderlichen Output zu bestimmen.

Das Problem als Gleichungssystem geschrieben:

$$
\begin{aligned}
0{,}08\,x_1 + 0{,}2\,x_2 + 0{,}02\,x_3 + 25 &= x_1\\
1{,}5\,x_1 + 0{,}3\,x_2 + 0{,}4\,x_3 + 200 &= x_2 \qquad (1)\\
0{,}05\,x_3 + 1000 &= x_3
\end{aligned}
$$

Dabei ist x_i der physische Output der *i*-ten Industrie. Man beachte, dass die einzelnen Glieder der Gleichungen summierbar sind, weil sie die gleiche Dimension haben. Z.B. hat im Term 0.2 x_2 der technische Koeffizient 0.2 die Dimension *[Eisen/Kohle]* und x_2 die Dimension *[Kohle]*, nach der Multiplikation bleibt *[Eisen]* übrig.

Sei **A** die Koeffizientenmatrix,

$\vec{x}=\begin{bmatrix} x_1\\ x_2\\ x_3 \end{bmatrix}$ der Outputvektor und $\vec{v}=\begin{bmatrix} 25\\ 200\\ 1000 \end{bmatrix}$ der Nachfragevektor,

dann lässt sich das Gleichungssystem schreiben als

$$A\vec{x}+\vec{v}=\vec{x}.$$

Da $\vec{x}$ sich auch als $I\vec{x}$ schreiben lässt (mit ***I*** als Einheitsmatrix $\begin{bmatrix} 1 & 0 & 0\\ 0 & 1 & 0\\ 0 & 0 & 1 \end{bmatrix}$), erhalten wir

$$
\begin{aligned}
&I\vec{x}-A\vec{x}=\vec{v}\\
&(I-A)\vec{x}=\vec{v} \qquad (2)\\
&\vec{x}=(I-A)^{-1}\vec{v}
\end{aligned}
$$

$(I-A)^{-1}$ heißt zu Ehren des Begründers der Input-Output-Rechnung *Leontief-Inverse.*

Als Lösung ergibt sich

$$\vec{x}=\begin{bmatrix} x_1\\ x_2\\ x_3 \end{bmatrix}=\begin{bmatrix} 454{,}79\\ 1861{,}76\\ 1052{,}631 \end{bmatrix}.$$

Daraus lässt sich die Verteilung der physischen Ressourcen berechnen, indem die Werte von x_1, x_2 und x_3 in das Gleichungs-system (1) einsetzt werden.

Tab. 2: Verteilung der physischen Ressourcen

Industrie	Eisen	Kohle	Weizen	Nachfrage	Output
Eisen	36,38	372,35	21,05	25	454,79
Kohle	682,18	558,53	421,05	200	1861,77
Weizen	0	0	52,63	1000	1052,63

Berechnung der Arbeitszeiten

Mit der direkten Arbeitszeit, etwa in der Eisenindustrie kennen wir noch nicht die Arbeitsinhalte ihrer Komponenten (Inputs), die im Produktionsprozess verbraucht werden. Auch dieses Problem wird durch Input-Output-Rechnung gelöst.

Sei x_1 nun der *Arbeitsinhalt* einer Einheit Eisen, entsprechend x_2 und x_3 der Arbeitsinhalt einer Einheit Kohle bzw. Weizen.

In ein Gleichungssystem umgewandelt:

$$\begin{aligned} 0{,}08\, x_1 + 1{,}5\, x_2 + 20 &= x_1 \\ 0{,}2\, x_1 + 0{,}3\, x_2 + 3 &= x_2 \\ 0{,}02\, x_1 + 0{,}4\, x_2 + 0{,}05\, x_3 + 10 &= x_3 \end{aligned} \qquad (3)$$

Die Glieder sind hier summierbar, weil nur Arbeitszeiten addiert werden.

In vektorieller Schreibweise:

$$A^T \vec{x} + \vec{u} = \vec{x},$$

wenn A^T die transponierte Koeffizientenmatrix und $\vec{u} = \begin{bmatrix} 20 \\ 3 \\ 3 \end{bmatrix}$ der Vektor der direkten Arbeitszeiten ist.

Analog zu (2) ergibt sich

$$\vec{x} = (I - A^T)^{-1} \vec{u}.$$

Die Arbeitsinhalte einer Einheit Eisen, Kohle und Weizen sind dann

$$\vec{x} = \begin{bmatrix} x_1 \\ x_2 \\ x_3 \end{bmatrix} = \begin{bmatrix} 53{,}78 \\ 19{,}65 \\ 19{,}63 \end{bmatrix}$$

Daraus lässt sich die Verteilung der gesellschaftlichen Arbeit berechnen, indem man die Werte von x_1, x_2 und x_3 mit den entsprechenden Zeilen für Eisen, Kohle und Weizen in Tab. 2 multipliziert.

Ergebnis:

Tab. 3: Verteilung der gesellschaftlichen Arbeit

Industrie	Eisen	Kohle	Weizen	Nachfrage	Output
Eisen	1956,65	20024,80	1132,19	1344,48	24458,12
Kohle	13405,69	10975,76	8274,17	3930,23	36585,86
Weizen	0	0	1049,09	19932,68	20981,77

Literatur

[All03] Allen, Robert C.: Farm to Factory. A Reinterpretation of the Soviet Industrial Revolution. Princeton, New Jersey : Princeton University Press, 2003

[Alt65] Althusser, Louis, Balibar, Etienne et al.: Lire le Capital. Paris : Editions La Découverte, 1965

[Alt72] Althusser, Louis und Balibar, Etienne: Das Kapital lesen II. Reinbek : Rowohlt Verlag, 1972

[Ari03] Aristoteles ; Burghard, König (Hrsg.): Politik. rowohlts enzyklopädie. Reinbek bei Hamburg : Rowohlt Taschenbuch Verlag, 2003

[Aut55] Autorenkollektiv: Politische Ökonomie. Lehrbuch. 1. Auflage. Berlin : Dietz Verlag, 1955

[Aut60] Autorenkollektiv: Politische Ökonomie. Lehrbuch. 3. Auflage. Berlin : Dietz Verlag, 1960

[Aut69] Autorenkollektiv: Politische Ökonomie des Sozialismus und ihre Anwendung in der DDR. Berlin, 1969

[Aut72a] Autorenkollektiv: Lehrbuch Politische Ökonomie. Vorsozialistische Produktionsweisen. Frankfurt/Main : Verlag Marxistische Blätter, 1972. Übersetzung aus dem Russischen

[Aut72b] Autorenkollektiv: Wissenschaftlicher Kommunismus. Berlin : Dietz Verlag, 1972. Übersetzung aus dem Russischen

[Aut73] Autorenkollektiv: Einführung in die Politische Ökonomie. Berlin : Dietz Verlag, 1973

[Beh57] Behrens, Fritz: Zum Problem der Ausnutzung ökonomischer Gesetze in der Übergangsperiode. In: Wirtschaftswissenschaft, 3. Sonderheft 1957 (1957)

[Beh61a] Behrens, Fritz: Ware, Wert und Wertgesetz. Berlin, 1961

[Beh61b] Behrens, Fritz: Wie ist der Wert messbar? In: Wirtschaftswissenschaft 3 (1961)

[Ben57] Benary, Arne: Zu Grundproblemen der politischen Ökonomie des Sozialismus in der Übergangsperiode. In: Wirtschaftswissenschaft, 3. Sonderheft (1957)

[Bet69a] Bettelheim, Charles: Planung und Markt. In: Bettelheim, Dobb, Foa, Huberman, Robinson, Mandel, Sweezy u. a. (Hrsg.): Zur Kritik der Sowjetökonomie. Rotbuch 11. Berlin : Klaus Wagenbach Verlag, 1969

[Bet69b] Bettelheim, Charles: Formen und Methoden der sozialistischen Planung und der Entwicklungsstand der Produktivkräfte: In: Bettelheim, Castro, Guevara, Mandel, Mora (Hrsg.): Die Planungsdebatte in Cuba. Frankfurt, 1969

[Bet70] Bettelheim, Charles: Ökonomischer Kalkül und Eigentumsformen. Zur Theorie der Übergangsgesellschaft. Rotbuch 12. Berlin : Verlag Klaus Wagenbach, 1970

[Ble14] Blessing, Klaus: Die sozialistische Zukunft. Kein Ende der Geschichte. Eine Streitschrift. Berlin : edition berolina, 2014

[Bou26] Boukharine, Nikolai I.: Remarques critiques sur le livre du camarade Préobrajenski : La Nouvelle Economique. In: Pravda numero 148, 150 et 154 (1926) (1926). https://www.marxists.org/francais/boukharine/works/1926/07/remarques.htm

[Buc21] Bucharin, Nikolai und Preobraschenski, Jewgeni : ABC des Kommunismus. Hamburg : Verlag der Kommunistischen Internationale, 1921

[Buc90] Bucharin, Nikolai ; Hedeler, Wladislaw und Stoljarowa, Ruth (Hrsg.): Ökonomik der Transformationsperiode. Mit Randbemerkungen von Lenin. Berlin, 1990

[Buk64] Bukharin, Nikolai: Notes of an economist at the beginning of a new economic year. In: Spulber, Nicolas (Hrsg.): Foundations of soviet strategy for economic growth. Bloomington : Indiana University Press, 1964

[Bun99] Bundesamt, Statistisches: DDR-Statistik. Grundlagen, Methoden und Organisation der amtlichen Statistik der DDR 1949 bis 1990. Heft 34. Wiesbaden : Statistisches Bundesamt, 1999

[Can06] Canfora, Luciano: Kleine Geschichte der Demokratie. Köln : PapyRossa Verlag, 2006

[Cas68] Castro, Fidel: Comments on Czechoslovakia. (1968). https://www.marxists.org/history/cuba/archive/castro/1968/08/24.htm

[CCM09]Cockshott, W. P. ; Cottrell, Allin F. ; Michaelson, Gregory J. ; Wright,Ian P. ; Yavenko, Viktor M.: Classical Econophysics. London und New York : Routledge, 2009

[Cla72] Clarke, Roger A.: Soviet Economic Facts 1917-1970. London : Macmillan, 1972

[Coc90] Cockshott, Paul: Application of Artificial Intelligence Techniques to Economic Planning. (1990). https://www.researchgate.net/publication/245441108_Application_of_Artificial_Intelligence_Techniques_ to_Economic_Planning

[Coc95] Cockshott, Paul and Cottrell, Allin and Michaelson, Gregory: Testing Marx: Some new results from UK data. In: Capital and Class 55 (1995), S. 103-129

[Coc09] Cockshott, Paul: Hilbert Space Models Commodity Exchanges. (2009). http://www.dcs.gla.ac.uk/~wpc/reports/hilbertspace.pdf

[Coc12] Cockshott, Paul und Cottrell, Allin ; Dunkhase, Helmut (Hrsg.): Alternativen aus dem Rechner. Für sozialistische Planung und Demokratie. Köln : PapyRossa Verlag, 2012

[Coc17]
Cockshott, Paul: Socialism surplus and Feldman. In: ResearchGate (2017). https://www.researchgate.net/publication/313988558_Socialism_surplus_ and_Feldman

[Coc19] Cockshott, Paul: How the World works. The story of human labor from prehistory to the modern day. New York : Monthly Review Press, 2019

[Coc20] Cockshott, Paul: Initial release: Economic Plan Language.(2020). https://paulcockshott.wordpress.com/2020/03/08/initial-release-economicplan-language/

[Coh75] Cohen, Stephen F.: Bukharin and the Bolshevik Revolution. A political Biography 1888-1938. New York, 1975

[Cro13] Crochetière, Erin: Democracy and the Lot: The Lottery of Public Offices in Classical Athens. Montreal, McGill University, Diplomarbeit, 2013. https://escholarship.mcgill.ca/concern/theses/qr46r433n

[Dap] Dapprich, Jan P.: Simulating Socialism (1): Creating a Computer Simulation of a Socialist Economy. https://www.designing-history.world/theory/ simulating-socialism-1/

[DH90] DDR (Hrsg.), Statistisches A.: Statistisches Jahrbuch der Deutschen Demokratischen Republik '90. Berlin : Rudolf Haufe Verlag, 1990

[Ell73] Ellman, Michael: Planning Problems in the USSR. Cambridge : Cambridge University Press, 1973

[Euc68] Euchner, Walter und Schmidt, Alfred (Hrsg.): Kritik der politischen Ökonomie heute. 100 Jahre »Kapital«. Frakfurt/Wien, 1968

[Far83] Farjoun, Emmanuel and Machover, Moshé: Laws of Chaos. A Probabilistic Approach to Political Economy. London : Verso Editions and NLB, 1983

[Fel28] Feldman, Grigori A.: K teorii tempov narodnoyu dokhoda. In: Planovoye khozyaystvo 1928 11 (1928), S. 146-170

[Fel29] Feldman, Grigori A.: Analiticheskiy metod postroyeniya perspektivnykh planov. In: Planovoye khozyaystvo 1929 12 (1929), S. 95-127

[Fel64] Feldman, Grigory A.: On the Theory of Growth Rates of National Income I and II. In: Spulber, Nicolas (Hrsg.): Foundations of soviet strategy for economic growth. Bloomington : Indiana University Press, 1964, S. 174-199, 304-331

[Fis78] Fischer, Hans: Verallgemeinerung von Erfahrungen bei der Anwendung mathematischer Methoden in der Leitung und Planung der DDR (Dissertion). Berlin, 1978

[Frö10] Fröhlich, Nils: Labour values, prices of production and the missing equalization of profit rates: Evidence from the German economy. (2010). https://www.tuchemnitz.de/wirtschaft/vwl2/personal/froehlic.php

[Ger02] Gerovitch, Slava: From Newspek to Cyperspeak. A History of Soviet Cybernetics. Cambridge (Massachusetts), London (England) : The MIT Press, 2002

[Ger08] Gerovitch, Slava: InterNyet: Why the Soviet Union did not build a nationwide computer network. In: History and Technology (2008)

[Gia18] Giacché, Vladimiro: Lenins ökonomisches Denken nach der Oktoberrevolution. Essen : Neue Impulse Verlag, 2018

[Gia20] Giacché, Vladimiro: Sozialismus und Ende der Warenproduktion in Friedrich Engels' Anti-Dühring. In: Marxistische Blätter (2020), Nr. 6, S. 48-58

[Hag12] Hagendorf, Klaus: Victor Valentinovich Novozhilov: A Marxian Mathematical Economist in Honour of the 120th Anniversary of His Birth. In: SSRN Electronic Journal (2012)

[Hag13] Hagendorf, Klaus: The Definition of Labour Value is False! (2013). https://papers.ssrn.com/sol3/papers.cfm?abstract_id=2282531

[Hei05] Heinrich, Michael: Kritik der politischen Ökonomie. Eine Einführung. Stuttgart : Schmetterling Verlag, 2005

[Hes09] Heske, Gerhard: Volkswirtschaftliche Gesamtrechnung DDR 1950-1989: Daten, Methoden, Vergleiche. In: Historical Social Research, Supplement (2009), Nr. 21. https://www.ssoar.info/ssoar/handle/document/28587

[Heu90] Heuer, Uwe-Jens: Marxismus und Demokratie. 2. Baden-Baden : Nomos Verlagsgesellschaft, 1990

[Hua98] Huar, Ulrich: Wertgesetz und Sozialismus. In: Weißenseer Blätter 1-3 (1998). Dreiteilige Folge

[Hüb03] Hübner, Peter: Diktatur und Betrieb in der frühen DDR. In: Hoffmann, Dierk (Hrsg.) ; Schwartz, Michael (Hrsg.) ; Wentker, Hermann (Hrsg.): Vor dem Mauerbau. München, 2003, S. 119-164

[Kan60] Kantorovich, Leonid V.: MATHEMATICAL METHODS OF ORGANIZING AND PLANNING PRODUCTION. In: Management Science Vol. 6, No (1960), S. 366-422. http://www.jstor.org/stable/2627082

[Kan65] Kantorovich, Leonid V.: The best Use of Economic Resources. Oxford/London/Edinburgh/New York/Paris/Frankfurt : Pergamon Press, 1965

[Kan96] Kaneva, Krassimira: Economic Transformation and Land Use in Bulgaria (Manuskript). Sofia, 1996

[Kan19] Kannapin, Detlef: Fortschritt und Perspektive. Die geistesgeschichtlichen Grundlagen der DDR. In: junge Welt 25.11.2019 (2019)

[Kau22] Kautsky, Karl: Die proletarische Revolution und ihr Programm, 2. Aufl., Berlin und Stuttgart, J. H. W Dietz Nachf., 1922

[Kit] Kitova, O.: Kitov Anatoliy Ivanovich. In: Russian Virtuell Computer Museum. https://www.computer-museum.ru/english/galglory_en/Kitov.htm

[Kit19] Kitov, Vladimir A.: On the History of Gosplan, the Main Computer Center of the State Planning Committee of the USSR. In: Histories of Computing in Eastern Europe. Poznan, Poland, 2019, S. 118-126

[Kla64] Klaus, Georg: Kybernetik und Gesellschaft. Berlin : VEB Deutscher Verlag der Wissenschaften, 1964

[KLS+85] Kantorovic, L.V. ; Lassmann, W. ; Schilar, H ; Schwarz, K. ; Brentjes, S. ; Lassmann, W. (Hrsg.) ; Schilar, H. (Hrsg.): Die Entwicklung und Anwendung von Optimierungsmethoden in der DDR. Berlin : Akademie-Verlag Berlin, 1985

[Koh68] Kohlmey, Gunther: Planen als Regeln und Steuern. In: Probleme der politischen Ökonomie, Bd. 11. Berlin : Akademie Verlag, 1968, S. 89-121

[Kos71] Kossygin, Alexei: Direktiven zum Fünfjahrplan für die Entwicklung der Volkswirtschaft der UdSSR in den Jahren 1971-1975. APN-Verlag, Moskau 1971

[Kuc15] Kuczynski, Thomas: Fritz Behrens und seine rätekommunistische Kritik sozialistischer Reform. In: Hedeler, Wladislaw and Keßler, Mario (Hrsg.): Reformen und Reformer im Kommunismus. Hamburg, 2015

[Lan57] Lange, Oskar: SOME OBSERVATIONS ON INPUT-OUTPUT. In: SANKHYA THE INDIAN JOURNAL OF STATISTICS 17, part 4 (1957), S. 305-336

[Las85] Lassmann, Wolfgang: Die Entwicklung und Anwendung von Optimierungsmethoden in der DDR. In: Kantorovic (Hrsg.): Ökonomie und Optimierung. Berlin : Akademie-Verlag Berlin, 1985

[Len61a] Lendle, Ottmar: Die Messbarkeit des Arbeitswertes und der Doppelcharakter der Arbeit. In: Wirtschaftswissenschaft 3 (1961)

[Len61b] Lendle, Ottmar: Zur Messbarkeit des Arbeitswerts. In: Wirtschaftswissenschaft 10 (1961)

[Leo86] Leontief, Wassily: Input-Output Analysis (1985). In: Input-Output Economics. New York and Oxford : Oxford University Press, 1986

[Los00] Losurdo, Domenico: Flucht aus der Geschichte?. Die kommunistische Bewegung zwischen Selbstkritik und Selbsthass. Essen : Neue Impulse Verlag, 2000

[LW] LW: Lenin Werke 27, 30, 31, 32, 35. Berlin,

[Man61] Mann, Helmut: Die Ausnutzung des Wertgesetzes im Sozialismus durch die Preise und die Preisformen. In: Wirtschaftswissenschaft 9 (1961)

[Man69] Mandel, Ernest: Die Warenkategorien in der Übergangsperiode. In: Bettelheim, Castro, Guevara, Mandel, Mora (Hrsg.): Die Planungsdebatte in Cuba. Frankfurt, 1969

[Mao68] Mao, Tse-Tung: Vier philosophische Monographien von Mao Tse-Tung. Verlag für fremdsprachige Literatur. Peking, 1968

[Mar66] Marschall, Wolfgang: Zeitrechnung, aber auch Wertrechnung. In: Wirtschaftswissenschaft 1 (1966)

[MEW] MEW: Marx-Engels-Werke 16, 17, 19, 20, 22, 23, 25, 34. Berlin,

[Mey74] Meyer, Gert: Studien zur sozialökonomischen Entwicklung Sowjetrusslands 1921-1923. Pahl-Rugenstein Verlag, Köln, 1974

[Mis20] Mises, Ludwig: Wirtschaftsrechnung im sozialistischen Gemeinwesen. In: Archiv für Sozialwissenschaft und Sozialpolitik 47 (1920/21) (1920), S. 86-121

[MSG03] Mindell, David ; Segal, Jerome ; Gerovitch, Slava: Cybernetics and information theory in the United States, France and the Soviet Union. In: Science and Ideology: A Comparative History. London : Routledge, 2003, S. 66-95

[Nen18] Nendel, Karl: General der Mikroelektronik. Berlin : edition berolina, 2018

[Neu61] Neumann, Herbert: Zu einigen falschen Auffassungen über die Bestimmung der Wertgröße im Sozialismus. In: Wirtschaftswissenschaft 3 (1961)

[Nic65] Nick, Harry: Wertrechnung oder Zeitrechnung? Zum Problem des Nutzeffekts der gesellschaftlichen Arbeit. In: Einheit. Zeitschrift für Theorie und Praxis des wissenschaftlichen Sozialismus 7 (1965)

[Nie95] Niemann, Heinz: Hinterm Zaun. Politische Kultur und Meinungsforschung in der DDR – die geheimen Berichte an das Politbüro der SED. Berlin : edition ost, 1995

[Nov70] Novoshilov, Viktor V.: Problems of Cost-Benefit Analysis in Optimal Planning. White Plains, New York : International Arts ans Sciences Press, Inc., 1970

[Now65] Nowoschilow, Viktor V.: Arbeitswerttheorie und Mathematik. In: Sowjetwissenschaft 10 (1965), S. 1029-1047

[Pet] Peters, Benjamin: The Soviet Internet. In: aeon https://aeon.co/essays/howthe-soviets-invented-the-internet-and-why-it-didn-t-work

[Phi69] Philosophisches Wörterbuch ; Klaus, Georg (Hrsg.) ; Buhr, Manfred (Hrsg.): Philosophisches Wörterbuch. Leipzig : VEB Bibliographisches Institut, 1969

[Piz09] Pizano, Diego: Conversations with Great Economics. New York : Jorge Pinto Books Inc., 2009

[Pol14] Polanyi, Karl: The Great Transformation. suhrkamp taschenbuch wissenschaft. Berlin : Suhrkamp Verlag, 2014

[Pre71] Preobraschenski, Jewgeni A.: Die Neue Ökonomik. Berlin : Verlag Neuer Kurs, 1971

[RC09] Renaud, Karen ; Cockshott, Paul: HandiVote: Simple, Anonymous, and Auditable Electronic Voting. In: Journal of Information Technology & Politics (2009), Nr. 1, S. 60-80

[Ric77] Richter, Horst und Schliesser, Waldfried: Die Warenproduktion im Sozialismus. Berlin, 1977

[Roe19] Roesler, Jörg : Das NÖS – eingeführt, abgebrochen, aber unvergessen. In: Marxistische Blätter 1 (1919), S. 102-111

[Roe16] Roesler, Jörg: Aufholen ohne einzuholen. Ostdeutschlands rastloser Wettlauf 1965-2015. Ein ökonomischer Abriss. Berlin : edition berolina, 2016

[Roh17] Rohnstock, Katrin (Hrsg.): Die Kombinatsdirektoren. Jetzt reden wir weiter! Berlin : edition berolina, 2017

[Rud60] Rudolph, Johannes: Die Berechnung des ökonomischen Nutzeffekts und die Ermittlung des Arbeitsaufwands für die Produktion. In: Wirtschaftswissenschaft 4 (1960)

[Rud61] Rudolph, Johannes: Die Berechnung der Wertgröße der Produkte und die Abweichung der Effektivpreise von der Wertgröße. In: Wirtschaftswissenschaft 10 (1961)

[Sch61] Schilar, Hans: Die Messbarkeit des Arbeitswerts als Problem der Lehre. In: Wirtschaftswissenschaft 10 (1961)

[Sch66a] Schilar, Hans: Einige Konsequenzen der Lösung des Reduktionsproblems. In: Wirtschaftswissenschaft 2 (1966)

[Sch66b] Schilar, Hans: Zum Problem der Reduktion der komplizierten auf einfache Arbeit. In: Wirtschaftswissenschaft 4 (1966)

[Sha84] Shaikh, Anwar: The Transformation from Marx to Sraffa. In: Ricardo, Marx, Sraffa. London, 1984, S. 43-84

[Sik66] Šik, Ota: Ökonomie – Interessen – Politik. Berlin : Dietz Verlag, 1966

[Sle07] Sleifers, Jaap: Kuczynski Prize Lecture 2007. In: International Conference of Labour and Social History. Linz, Austria, 2007

[Smi63] Smith, Adam: Eine Untersuchung über das Wesen und die Ursachen des Reichtums der Nationen. Bd. 1. Berlin : Akademie Verlag, 1963. Übersetzt und eingeleitet von Peter Thal

[Spu64] Spulber, Nicolas (Hrsg.): Foundations of Soviet Strategy for Economic Growth. Selected Soviet Essays, 1924-1930. Bloomington : Indiana University Press, 1964

[Sta51] Stalin ; Marx-Engels-Lenin-Institut beim ZK der KPdSU(B) (Hrsg.): Werke Bd. 12. Berlin, 1951

[Sta52] Stalin: Ökonomische Probleme des Sozialismus in der UdSSR. Dietz Verlag, Berlin, 1952

[Ste07] Steiner, André: Von Plan zu Plan. Eine Wirtschaftsgeschichte der DDR. Aufbau Verlagsgruppe, Berlin, 2007

[Str77] Strumilin, Stanislaw G.: Ökonomische Schriften 1919-1973. 1 Sozialismus und Planung. Akademie-Verlag, Berlin, 1977

[Swe69] Sweezy, Paul M.: Tschechoslowakei: Kapitalismus und Sozialismus. In: Bettelheim, Dobb, Foa, Huberman, Robinson, Mandel, Sweezy u. a. (Hrsg.): Zur Kritik der Sowjetökonomie. Rotbuch 11. Berlin : Klaus Wagenbach Verlag, 1969

[Swe72] Sweezy, Paul M und Bettelheim, Charles: Lettres sur quelques problèmes actuels du socialisme. petite col. Paris : Maspero, 1972

[Ulb67] Ulbricht, Walter: Die Bedeutung des Werkes *Das Kapital* von Karl Marx für die Schaffung des entwickelten gesellschaftlichen Systems des Sozialismus in der DDR und den Kampf gegen das staatsmonopolistische Herrschaftssystem in Westdeutschland. http://docplayer.org/40430542-Internationalewissenschaftliche-session-100-jahre-das-kapital-berlin-12-13september-walter-ulbricht.html. Version:1967

[VR16] Van Reybrouck, David: Against Elections: The Case for Democracy. London : Bodley Head, 2016

[Wal74] Walras, Marie-Esprit-Léon: Éléments d'économie politique pure ou théorie de la richesse sociale. Paris-Bale, 1874. https://ia600904.us.archive.org/9/items/lmentsdconomiep02walrgoog/lmentsdconomiep02walrgoog.pdf

[WL17] Wang, Binbin ; Li, Xiaoyan: Big Data, Platform Economy and Market Competition. In: World Review of Political Economy (2017), Nr. 2

[WW89] White, Stephen ; Wightman, Gordon: GORBACHEV'S REFORMS: THE SOVIET ELECTIONS OF 1989. In: Parliamentary Affairs (1989), Nr. 4, S. 560-581

[Zac04] Zachariah, Dave: Testing the labor theory of value in Sweden. (2004). https://citeseerx.ist.psu.edu/viewdoc/download?doi=10.1.1.195.1251&rep=rep1&type=pdf

[Zac10] Zachariah, Dave: Determinants of the average profit rate and the trajectory of capitalist economies. In: ResearchGate (2010). https://www.researchgate.netpublication229054102_Determinants_of_the_average_profit_rate_and_the_trajectory_of_capitalist_economies

[Zhu11] Zhu, Dongli: A way out of a global dead-end: A reading of *When China Rules the World* by Martin Jacques. In: International critical thought (2011), Nr. 1, S. 108-115

[Zur61] Zurawicki, Sewerin: Zur Messbarkeit des Arbeitswerts. In: Wirtschaftswissenschaft 10 (1961)

Personenregister

Die Aufnahme der Fundstellen im Literaturverzeichnis erfolgte, um die Autorinnen und Autoren der Quellen in Personenregister nicht unsichtbar werden zu lassen.

Sachregister